Verena Kast

Verbunden mit der Mutter

Kreuz

Inhalt

»Ich will alles anders machen«
Die altersgemäße Ablösung   7

»Die Welt muss jemanden wie mich genießen«
Der ursprünglich positive Mutterkomplex des Mannes   22

»Man kann fast alles im Leben ertragen, wenn man gut gegessen hat«
Der ursprünglich positive Mutterkomplex bei Frauen   47

Leben und leben lassen
Das Typische an den ursprünglich positiven Mutterkomplexen   70

Landnahme im unbekannten Land
Schlussfolgerungen   85

Anmerkungen   95

»Ich will alles anders machen«
Die altersgemäße Ablösung

Der ursprünglich positive Mutterkomplex gibt einem Kind das Gefühl einer fraglosen Daseinsberechtigung, das Gefühl, interessant zu sein und Anteil zu haben an einer Welt, die alles gibt, was man braucht – und noch ein wenig mehr. Daher kann sich dieses Ich auch vertrauensvoll in Kontakt setzen zu einem »andern«. Der Körper ist die Basis des Ich-Komplexes. Auf der Basis eines positiven Mutterkomplexes werden die leiblichen Bedürfnisse als etwas »Normales« erlebt, und sie können auch normal befriedigt werden. Es besteht eine selbstverständliche Freude am Körper, an der Vitalität, am Essen, an der Sexualität. Der Körper darf auch Emotionen ausdrücken und kann diese Äußerungen auch von anderen Menschen akzeptieren und aufnehmen. Dieser so fundierte Ich-Komplex kann sich entgrenzen in der Körpererfahrung mit einem anderen Menschen, ohne Angst zu haben, sich dabei zu verlieren. Aber nicht nur körperliche Intimität, auch psychische Intimität darf geteilt werden. Man versteht grundsätzlich andere Menschen, und man wird auch meistens verstanden. Andere Menschen tragen zum eigenen psychischen Wohlbefinden bei – und man kann selbst zum Wohlbefinden anderer beitragen. Ein Mensch, der mit Interesse und Verständnis rechnen kann und eine gewisse Fülle von Liebe, Fürsorglichkeit, Verständnis und Geborgenheit erlebt, wird eine gesunde Ich-Aktivität entwickeln.

Spätestens in der Adoleszenz (Pubertät und Nachpubertät, bis zum zwanzigsten Lebensjahr) müsste die Idealisierung der Elternfiguren aufgehoben werden. Denn die Idealisierung der Elternposition bedeutet immer implizit eine Entwertung der Kindposition. In dieser Zeit werden Mutter- und Vaterkomplexe meist bewusst. Die Ablösung findet im Wesentlichen von den Eltern als Personen statt; die Komplexe spielen dabei aber eine nicht zu unterschätzende Rolle, denn jede Komplexprägung erlaubt gewisse Ablösungsschritte und untersagt andere. War das Weggehen schon immer untersagt oder war es schon immer verboten, anders zu denken, als der Vater denkt, dann werden diese speziellen Aspekte der Komplexe deutlich miterlebt, und die Jugendlichen müssen dagegen anarbeiten oder die Ablösung wieder einmal aufgeben. Gelegentlich gelingt es, auch wenn die Ablösung eigentlich nicht erlaubt ist, bei anderen Menschen still und heimlich zu holen, was im System von Vater und Mutter fehlt. Das setzt aber eine gewisse Ich-Stärke voraus, setzt voraus, dass Ablösung – vielleicht auf eine nicht ganz offene Weise – stattgefunden hat, weil die offene Weise nicht erlaubt worden ist, oder wir haben es mit jungen Menschen zu tun, die ungeachtet der Komplexprägungen einen starken Drang zu Selbstständigkeit haben.

Ablösung ist ein Kompromiss zwischen dem, was das eigene Leben von einem Menschen will, und dem, was die Umwelt will, letztlich Vater und Mutter, die Lehrer, die Gesellschaftsschicht, in der wir leben. Deutliche Ablösephasen wie die Adoleszenz sind verbunden mit einer Aufbruchsstimmung, sind Umbruchphasen. Der Ich-Komplex strukturiert sich um, das heißt, es besteht ein labiles Selbstwertgefühl.

Das Erleben einer gewissen Solidarität mit den Eltern wäre also gerade wichtig, obwohl man sich auch gegen sie stellen muss. Man braucht die Eltern, von denen man sich ablöst. Deshalb sind in dieser Phase Komplexsätze, die Ablösung grundsätzlich verbieten und Liebesverlust oder Verlust der Würde des jungen Menschen androhen, so problematisch. Zwar bietet die Altersgruppe möglicherweise ein Netz, das eine gewisse Geborgenheit gibt, sie kann aber niemals die liebevolle, schmerzliche, ehrliche Auseinandersetzung mit den Eltern ersetzen.

Es ist wesentlich, sich deutlich zu machen, dass die Mütter unserer Komplexe nicht einfach deckungsgleich sind mit unseren konkreten Müttern – konkrete Mütter werden älter, die Mütter unserer Mutterkomplexe indessen nicht –, und dass es auch unzulässig ist, archetypische Gestalten mit unseren konkreten Beziehungspersonen zu verwechseln.

Die Auseinandersetzung mit der Mutter

Um zu einer eigenen Identität zu finden, muss sich auch die adoleszente Frau mit der Mutter und mit dem Mutterkomplex auseinandersetzen. Tut sie das nicht, befrachtet sie die Beziehung zu einem Partner über die Projektion der Vatererfahrungen und die unerfüllten Erwartungen an den Vater hinaus mit den anstehenden Mutterproblemen und mit den unerfüllten Erwartungen, die sie an die Mutter hatte.

Die Ablösung von der Mutter findet in einem komplizierten Feld statt. Einmal ist die Ablösung gar nicht so richtig gefordert. Das vielleicht sogar vordergründig zu Recht – das Ziel der Ablösung für eine Frau ist es nicht, dass sie keine Beziehung mehr zu ihrer Mutter pflegt, das Ziel ist nicht eine Autonomie, die sich als Bindungslosigkeit versteht. Die Ablösung der adoleszenten Frau von ihrer Mutter müsste im Idealfall so erfolgen, dass eine neue Beziehung zu ihr möglich wird, bei der das Komplexhafte der Kindheitsbeziehung einigermaßen aufgearbeitet worden ist. Deshalb ist eine Ablösung doch notwendig, nicht aber mit dem Ziel der endgültigen Trennung, sondern mit der Zielvorstellung, in eine gegenseitig bereinigtere Form der Beziehung eintreten zu können.

Die Mutter entwickelt ja im Laufe der Zeit auch einen Tochterkomplex im Zusammenhang mit ihrer Tochter, einen Sohnkomplex im Zusammenhang mit ihrem Sohn, davon spricht man nur eigentümlicherweise nicht! Dasselbe gilt natürlich vom Vater. Wenn Mütter oder Väter über ihre Kinder sprechen oder klagen, betrachten wir das meistens als »reale« Probleme, dabei spielen auch in dieser Beziehung Komplexe eine Rolle. Auch im Zusammenhang mit einzelnen Kindern gibt es Komplexsätze – jetzt im System von Mutter oder Vater. Auch mit den einzelnen Kindern sind Erwartungen verknüpft, die weit über die Individualität des jeweiligen Kindes hinausgehen und die auch, je nach Alter, unterschiedlich sind. Bei der Ablösung der Adoleszenten werden bei

Vater und Mutter eigene notwendige, überfällige Ablösungsschritte von ihren eigenen Eltern aktiviert. Mir scheint aber – und das müsste näher untersucht werden –, dass auch eine Ablösung von Sohn- und Tochterkomplexen, die durch die eigenen Kinder gesetzt worden sind, wesentlich wäre und die Ablösung der Adoleszenten erleichtern würde.

Dann gibt es heute Mütter, die sehr verschiedene Rollen leben. So weist z. B. Sandra Scarr nach[1], dass Töchter von Müttern, die einer sie zufriedenstellenden Arbeit nachgehen, mehr Selbstbewusstsein als Frau haben und sehr viel weniger bereit sind, sich in abhängige Positionen von Männern zu begeben, auch wenn sie einen eher positiv getönten Vaterkomplex haben. Für sie ist die Auseinandersetzung mit der Mutter dann auch leichter zu bewältigen, da sie die Mutter nicht zuerst aus der Entwertung holen müssen.

Es ist aber nicht nur die persönliche Mutter, die in der Ablösung der Tochter eine Rolle spielt, es ist nicht nur die Rolle der Frau als Mutter in der Gesellschaft, die die Ablösungsthematik mit beeinflusst, es sind auch die archetypischen Bilder des Weiblichen, das, was man so allgemein für weiblich hält. Und immer wieder taucht da die Idee auf, dass das »Weibliche« etwas Gefährliches sei. Da die großen weiblichen Göttinnen für die Geburt und für den Tod stehen, für die Fruchtbarkeit und für die Trockenheit, für Liebe und für Hass, wird die Spanne zwischen dem großen Reichtum des Lebens, der Fülle und dem Tod mit der Macht von konkreten Frauen verbunden. Diese archetypischen Erfahrungen auf die einzelne Frau zu projizieren ist unzulässig. Vor allem nimmt in dieser Projektion die Angst vor der Macht der Frauen Gestalt an, die Angst, die nicht zuletzt daraus stammt, dass die Frauen entwertet oder idealisiert, nicht aber in ihrem Wesen ernst genommen werden. Keine Mutter verkörpert den Tod, auch wenn sie einem Kind das Leben gegeben hat und es damit in ein Leben hineinstellt, an dessen Ende der Tod steht. Für die adoleszente Frau bedeuten solche Konzepte der Frau, die täglich über Werbung, über Film und Literatur an sie herangetragen werden, dass ihre Wurzeln gefährlich ambivalent sind. Zum anderen sind die männlichen Götter so viel präsenter als die Göttinnen. Hier ist allerdings in den letzten Jahren sehr viel geschehen. Dass Frauen die verschiedenen weiblichen Göttinnen – und hier nicht nur den Mutteraspekt der Göttinnen – erforschen und ins Bewusstsein heben, zeigt, wie wesentlich es ist, dass auch die Frau das Gefühl hat, dass in ihrem Rücken eine Göttin steht und nicht nur ein männlicher Gott, dass es also auch für die Frau richtig ist, eine originäre Identität zu haben und nicht eine von einem männlichen Gott geliehene. Es ist wichtig, dass das archetypisch Weibliche, so wie es uns heute erscheint, immer wieder beschrieben wird und damit ins Bewusstsein kommt. Damit erfährt die einseitige Festlegung der Frau auf das Lebenspendende und Todbringende eine Ausweitung zu der vollen, reichen Bandbreite, die weibliches Leben und vor allem auch die Göttinnen auszeichnet.

Diese Veränderung im kollektiven Bewusstsein, die sich deutlich anbahnt, müsste den adoleszenten Frauen das Gefühl geben, dass ihre Identität in etwas gründet, das in sich wertvoll ist und eigenständig wichtige Aspekte des Lebens abdeckt, und dass für eine Frau heute viele Rollen möglich sind. Im Zusammenhang mit dem Bewusstwerden von archetypischen Frauengestalten steht – dem konkreten Alltagsleben näher – die Sehnsucht nach weiblichen Vorbildern, nach Zeugnissen von Frauen, die durchaus ihr Leben gelebt haben. Dieser Sehnsucht wird heute Rechnung getragen durch viele Biografien von Frauen über Frauen. In diesen Biografien kommt zum Ausdruck, dass jetzt nicht einfach Frauen idealisiert werden oder Frauen sich undifferenziert mit Göttinnen identifizieren, was eine andere Form der abgeleiteten Identität bewirken würde, sondern dass Zeugnisse von lebbarem Leben von Frauen gesucht werden, damit aber auch Ideen, wie das eigene Leben aussehen könnte.

Die Ablösung der adoleszenten Frau findet auf diesem geschilderten Hintergrund in der Auseinandersetzung mit der eigenen Mutter statt. Die Mutter ist das Vorbild, gegen das die eigene Identität zunächst konzipiert wird. Die Mädchen spüren den Schatten, das ungelebte Leben ihrer Mütter auf und beginnen das zu idealisieren, was im Leben der Mutter nicht zum Zuge kam. »Ich will alles anders machen als die Mutter« kann natürlich darauf hinweisen, dass die Frau einen ursprünglich negativen Mutterkomplex hat, es ist aber auch ein Standardsatz bei der Ablösung. Die Tochter hat nicht wirklich eine eigene Position, aber sie ist zunächst einmal dagegen. Das kann der Beginn der Identitätsfindung sein.

Bei dieser Position gegen die Mutter ist es nicht notwendig, dass die Töchter die Mütter hassen. Theoretisch wird diese Forderung hergeleitet aus der Idee, dass Mütter und Töchter identisch sind, dass der Hass die notwendige Trennung bringt, die es braucht, um zu einer eigenen Persönlichkeit zu finden. Es gibt da zwei Missverständnisse: Auch wenn beide Frauen sind, heißt das noch lange nicht, dass sie sich gleich sind, dass sie gleichsam in einer Dualunion leben, bis die Tochter in die Adoleszenz kommt. Und auch wenn die Frauen sich sehr gleichen würden, was in speziellen Fällen ja vorkommen kann, dann bringt nicht der Hass die Lösung, denn Hass trennt nicht, Hass bindet. An Menschen, die wir hassen, denken wir wahrscheinlich ebenso viel, wenn nicht mehr als an Menschen, die wir lieben.

Kritisiert werden natürlich die Mütter bei dieser Ablösung von den Töchtern, und das muss auch so sein. Angekreidet wird den Müttern etwa, dass sie nicht konsequent sind in ihrem Lebensentwurf, dass sie zum Beispiel darauf bestanden haben, ausgefüllt zu sein mit Mann und Kindern, und dann plötzlich sagen, sie hätten ihr Leben verfehlt. Kritisiert werden »Lebenslügen« der Mütter, die ja oft damit zusammenhängen, dass sie sich auch zu wenig von Vater- und Mutterkomplexen abgelöst haben. Vorgeworfen wird ihnen weiter, dass sie so vieles, was sie selber nicht gelebt haben, an ihre Töchter delegiert haben, wobei die Delegationen oft doppelbödig sind: »Sieh zu, dass du einen eigenen Beruf hast, da erfolgreich bist, aber bring mir auch die Enkelinnen und Enkel zur richtigen Zeit.«

Delegationen sind Freiheitsberaubungen und stören zudem ganz empfindlich die Mutter-Tochter-Beziehung.

Delegationen gibt es natürlich auch zwischen Vätern und Söhnen, zwischen Vätern und Töchtern, zwischen Müttern und Söhnen. Sie scheinen jedoch zwischen Müttern und Töchtern besonders häufig zu sein.

Auch die Rollenverunsicherung der Frauen, die ja eine große Öffnung mit sich bringt, wird in diesen sich widersprechenden Delegationen sichtbar, wenn Mütter ihren Töchtern zum Beispiel sagen: »Pass auf, Frauen werden oft überhört, aber sei du deshalb nicht vorlaut.« Was soll die Tochter mit einer solchen doppelten Botschaft machen? Weniger angekreidet, aber schmerzhaft vermerkt wird die Unsicherheit von Frauen in der außerhäuslichen Arbeit. Frauen wissen, dass sie oft sehr gute Arbeit leisten, bleiben sich aber dennoch über den Wert dieser Arbeit im Unklaren. Sie haben die Tendenz, noch einmal etwas zu verbessern, oder stehen für den Wert ihrer Arbeit nicht ein, wo dies etwa gefordert wäre. Es ist notwendig, dass den Frauen das, was sie in der Welt gestalten, lieb gemacht wird. Flaake[2] erklärt sich dieses Verhalten so, dass Mädchen weder vom Vater noch von der Mutter in Dingen, die die spätere Berufsarbeit betreffen, bestätigt und gespiegelt werden, Mädchen werden zu oft noch für Anmut, Schönheit, gutes Verhalten gelobt, diese Selbstaspekte werden bestätigt und als wünschenswert in den Vordergrund geschoben. Flaake schlägt vor, die Frauen untereinander müssten sich gegenseitig den Wert ihrer Arbeiten bestätigen, um hier einen Mangel wettzumachen. Das wäre wünschenswert, hieße aber auch, dass Frauen ganz deutlich an ihrem Neid arbeiten müssten.

Nicht nur Vorbilder spielen eine große Rolle in dieser Ablösephase, die eine eigentliche Selbstfindungsphase ist, sondern auch Beziehungen zu anderen Frauen, falls die Prägung durch den Mutterkomplex das zulässt. Ist eine Frau durch einen sehr negativen Mutterkomplex geprägt – was bedeutet, dass für sie Frauen, und mütterliche Frauen erst recht, nur eine Quelle der größten Enttäuschung sind –, dann ist dieser Weg meistens nicht offen. Die Beziehung zu anderen Frauen ermöglicht Bewusstwerdung von sich selbst als Frau: Frauen sehen sich dann nicht nur mit den eigenen Augen an, sondern auch durch die Augen einer anderen Frau. Man spiegelt sich gegenseitig, nimmt sich wahr, nimmt sich an. Die Beziehung zu anderen Frauen vermittelt aber auch eine Erlebnisqualität, von der ich meine, dass sie am ehesten mit »Animaqualität« bezeichnet werden kann: eine Atmosphäre der Verbundenheit untereinander und des dabei seelisch »Weitwerdens«, ohne dass man sich schützen muss, eine Form des erotisch Angesprochenseins, das nicht sofort die Aktion sucht, eine Faszination von weiblichen Möglichkeiten, Zärtlichkeiten usw., die einfach einmal ausprobiert werden dürfen. Es werden dadurch auch unbewusste weibliche Bilder belebt, verbunden mit den jeweils speziell zu ihnen gehörenden Emotionen, die sehr viel mit Verbundenheit – zärtlicher Verbundenheit, wilder Verbundenheit – zu tun haben und verschiedene Dimensionen des Frauseins erschließen. Ursprünglich hielt Jung »Anima« für den weiblichen Seelenanteil im Manne, die Frau habe stattdessen einen Animus. Das Bedürfnis der Frauen nach Anima scheint aber in der heutigen Zeit sehr groß zu sein und ist wesentlich auch für sie zur Herauslösung aus dem Mutterkomplex. Der Austausch der Erfahrungen mit den Freundinnen – werden sie nicht bereits an die zweite Stelle gerückt, weil die Beziehung zum Freund, sozial oder auch familiär bedingt, so sehr gefördert und gefordert wird –, aber auch das emotionelle Erleben unter Freundinnen ist wichtig in der Entwicklung von Beziehungsstrukturen, in denen sie sich selbst nicht aufgeben muss, sondern sie selbst sein kann. Außerdem werden hier differenzierte Gefühle innerhalb von Beziehungen geweckt und gepflegt.

Aus diesem Erleben heraus kristallisiert sich ein neuer Lebensentwurf, der jetzt auch eine Wiederannäherung an die Mutter erlaubt: Es ist meistens eine Auseinandersetzung mit der Mutter, die aber empathisch geführt wird, bei der sie die Mutter auch als eigenständige Persönlichkeit stehen lassen kann, sie auch verstehen kann in ihrem Gewordensein. Bei dieser Wiederannäherung wird sie auch feststellen, in welchen Eigenheiten sie der Mutter gleicht, vielleicht sogar die gleichen ärgerlichen Eigenschaften hat, mit denen sie bestenfalls anders umgehen lernen kann, sie wird aber auch feststellen, dass sie trotz der Ähnlichkeiten doch auch ein ganz anderer Mensch ist.

Diese Wiederannäherung könnte sich in Gesprächen äußern, in denen es der Tochter klar wird, warum die Mutter ihren Lebensentwurf gewählt hat, in denen aber auch die Mutter in etwa mitbekommt, was denn der Lebensentwurf der Tochter ist. Vielleicht muss die Tochter auch mit blutendem Herzen akzeptieren, dass sie einen Lebensentwurf hat, dem die Mutter skeptisch gegenübersteht oder den sie aus ihrer Geschichte heraus überhaupt nicht akzeptieren kann. Die Wiederannäherungskrise kristallisiert sich aus der Enttäuschung heraus, dass die frühe Beziehung zwischen der kindlichen Tochter und der

Mutter niemals wiederherstellbar ist, in der sie vielleicht ein Herz und eine Seele waren. Sie kann sich auch darin äußern, dass die Hoffnung enttäuscht wird, sie könnten endlich doch noch eine nahe Mutter-Tochter-Beziehung aufbauen, was bisher noch nie gelang und wie es offensichtlich in der Phantasie der Frauen zu sein hat. Bestenfalls ist eine gute, vertrauensvolle Beziehung zwischen Mutter und Tochter möglich, eine Beziehung von zwei Frauen, die sich gut kennen, sich schätzen und die akzeptieren, dass sie verschiedene Frauenbilder haben.

„Die Welt muss jemanden wie mich genießen"
Der ursprünglich positive Mutterkomplex des Mannes

Komplexe, die zunächst durchaus als lebensfördernd erlebt worden sind, können sich, wenn eine altersgemäße Ablösung nicht erfolgt, in der Folge als hemmend erweisen. Der ursprünglich positive Mutterkomplex kann sich durchaus »negativ« auswirken. Indem ich diese Komplexform als »ursprünglich« positiv bezeichne, beschreibe ich eine typische Prägung, aus der heraus grundsätzlich verschiedene Entwicklungen möglich sind.

»Warten auf den großen Wurf«
Balthasar

Zur Illustration füge ich ein Beispiel an, das ich in verschiedener Hinsicht prägnanter und extremer schildere, um den Charakter dieses Mutterkomplexes besser herausarbeiten zu können.

Ein Mann in den Vierzigern, ich nenne ihn Balthasar, suchte Therapie auf und erzählte von sich zunächst, er sei ein sehr sinnlicher Mann, alles Sinnenhafte in seinem Leben sei wesentlich, sei eigentlich das Wichtigste überhaupt. Diese Aussage unterstrich er, indem er mit seinen Fingern sehr sinnlich über die hölzerne Tischplatte strich und erwähnte, er sei da bei einem sehr interessanten Baum vorbeigekommen. Diesen Baum beschrieb er so, dass ich ihn in meiner Phantasie riechen konnte. Er erwähnte weiter, er esse gerne und gut, und das alles möchte er nicht verändert haben, auch wenn sein Gewicht – er sei ja doch etwas dicklich, was, gelinde gesagt, ziemlich untertrieben war – es ja vielleicht wünschenswert erscheinen ließe, dass er ganz grundsätzlich etwas mehr Maß in sein Leben brächte. Genüsslich breitete er sich in seinem Stuhl aus, der ihn knapp trug.

Er war zunächst nicht einverstanden, dass ich ihn jeweils für die Dauer einer Stunde sehen wollte, er wünschte sich analytische Halbtage, allenfalls, so erwog er, könne man sich vielleicht auch einen ganzen Tag lang sehen.

Bei der Diskussion meines Honorars, das zu einem großen Teil von der Krankenkasse übernommen wurde, plädierte er für einen möglichst kleinen Eigenbetrag mit der Begründung, ich hätte bestimmt sehr viel von der Therapie mit ihm, so dass ich auf etwas Geld verzichten könne, er hingegen könnte dann trotzdem seine ausgedehnten Reisen finanzieren.

Spätestens an dieser Stelle hörte ich mit zunehmendem Interesse zu: Welch ausgeprägter Mutterkomplex zeigte sich hier! Mein Interesse stimulierte ihn, mehr von sich und seinen Reisen zu erzählen und dabei vor allem von seiner Fähigkeit zu genießen. Er strahlte etwas von einem genussfähigen Menschen aus, den das Interesse des Gegenübers sehr belebt. Er fühlte sich gut, und als ich ihm erklärte, meine analytischen Stunden halten zu wollen, keine analytischen Halbtage, und auch auf einem, wie mir schien, fairen Preis beharrte, reagierte er oberflächlich gutmütig und einfühlsam, in der Tiefe aber gekränkt: »Es ist ja klar, Sie sind sowieso aufgefressen (von zu vielen Anforderungen beansprucht), da muss man nehmen, was übrig bleibt. Schade ist es doch, das wäre für Sie wahrscheinlich eine lohnende Erfahrung gewesen.« Es ist wohl auch typisch, dass er zur Äußerung seiner Kränkung Metaphern aus dem Bereich der Nahrungsaufnahme wählte.

Balthasar war sehr begabt, aber offenbar wenig fähig, aus seiner Begabung etwas zu machen. Er hatte drei Ausbildungen abgebrochen, eine abgeschlossen. Er arbeitete als Künstler, und es standen ihm verschiedene Kunstrichtungen offen; er sprach angeregt von Ideen, hatte aber kein Werk, das er vorzeigen könnte. Einzelne »Versuche« gab es, weil der große Wurf noch ausstand, der große Wurf würde bestimmt kommen, vorausgesetzt, er hatte einen langen Atem im Warten. Etwas despektierlich sprach er von Künstlerkollegen, die »Arbeitstiere« sind, immer »kleckern«, diese Dinge auch ausstellen und publizieren, aber eben keinen großen Wurf machen, nicht den langen Atem haben, um auf den großen Wurf zu warten. »Mich interessiert eben so vieles, dann mache ich einmal das, dann gehe ich etwas anderem nach. Interessiert zu sein an so vielem, das inspiriert doch, oder?« Wenn er seine Ideen vortrug, vermochte er mich zu Beginn der Behandlung jedenfalls mit seiner Begeisterung immer anzustecken. Mit der Zeit stellte sich heraus, dass er sich auf keine seiner Begabungen konzentrieren wollte, er war überzeugt davon, dass er alles, was er konnte, auch in seinem Leben verwirklichen musste. Er war auch nicht fähig, seine verschiedenen Begabungen einzuschätzen. Dahingehende Äußerungen von Kollegen wehrte er sehr entschieden als Einmischung ab. Dabei realisierte er sehr wenig, hatte wenig Arbeitsdisziplin, wenig Struktur in seinem Alltag. Er wartete immer darauf, dass sich eine Arbeit von innen zwingend aufdrängte. Er hatte zwar Willensstoßkraft, das heißt, er hatte eine Idee und setzte auch an, diese zu verwirklichen, aber oft kam er über eine inspirierte Skizze oder über einige dichte Notizen zu einem Thema nicht hinaus. Das genügte ihm.

Im Beziehungsbereich hatte er Mühe, sich festzulegen. Er erzählte mir, er sei zweimal verheiratet und nach kurzer Zeit wieder verlassen worden. Er von sich aus habe nie das Bedürfnis zu heiraten gehabt. »Aber Sie wissen ja, Frauen wollen das, und wenn sie es wollen, dann bringen sie einen auch dahin ...« Es stellte sich heraus, dass er Menschen, »die wissen, was sie wollen«, sehr wenig entgegenzusetzen hatte. Er hatte aber auch einen großen Anspruch an Partnerinnen und Partner – er verstand sich als bisexuellen Mann. Partnerinnen sollten ihn vor allem bewundern, seinen Reichtum genießen, seine Sinnlichkeit mit ihm teilen. Sie sollten etwas Mütterliches haben, aber nicht mütterlich aussehen. »Möglichst jung verpackt.« Männliche Partner sollten wissen, wie das Leben zu bewältigen ist, sollten sagen, was zu tun und zu lassen war. Die Partnerschaften mit Männern dauerten auch höchstens drei Monate lang, weil die Männer, die er wählte, ihm auf die Dauer dann meistens zu viel Struktur hatten, zu ängstlich waren, zu vorsichtig, zu zwanghaft.

Partner und Partnerinnen machten ihm gleichermaßen den Vorwurf, er halte nicht, was er durch seine Art verspreche. Die meisten Menschen würden ihn zunächst als warm empfinden, als einfühlsam und mitfühlend, als empathisch, gemütlich und hilfreich. Das sei er auch. Wenn es aber Schwierigkeiten gebe, dann haue er ab. Das ganze »Beziehungsgetue« sei ihm zu kompliziert. Vielleicht tauche irgendwann einmal der richtige Mensch auf, mit dem es dann einfach gehe.

Mit 35 Jahren hatte er eine Krise. Da habe sich so etwas »wie Ekel vor dem Leben« eingestellt, die Zeichen der Resignation und des Selbstzweifels hatten sich gehäuft. Das Partnerkarussell begann sich in seiner Wahrnehmung immer schneller zu drehen. Er entwickelte zunehmend Wutgefühle »auf die Welt«, die ihm nicht gab, was ihm doch eigentlich zustand. Auf die Frage, was ihm denn zustehen würde, meinte er: »Die Welt muss doch so jemanden wie mich genießen, muss mich bewundern, muss den Rahmen bereitstellen, damit ich meine Talente entfalten kann.«

Diese Einbrüche von Resignation erfolgten immer häufiger. Zunächst versuchte Balthasar, mit Alkohol seine depressiven Verstimmungen abzuwehren. Als dies immer schlechter gelang, suchte er Therapie. Er sprach davon, dass sein Lebensgefühl ihn nicht mehr trage, dass er eine

Sinnkrise habe, permanente Beziehungskrisen, eine Depression wohl und ein Alkoholproblem.

»Weggehen ist Sünde«
Genese dieser Komplexprägung

Mutterbeziehungen, so wie sie erinnert werden, beschreibt man am besten in einigen Bildern, auch in einigen typischen Episoden, die erinnert werden. Ihm fallen viele Situationen ein, die er sich bildhaft vorstellen kann, ja die er in allen Modalitäten der Vorstellung noch präsent hat. Er riecht, hört, sieht – und vor allem: Er fühlt etwas, wenn er seine Geschichten erzählt.

Ich wähle drei Bilder aus:

1. Er sieht sich in verschiedenem Alter in der Küche, zusammen mit der Großmutter und der Mutter, die beide kochen. Der Vater ist irgendwie dabei und trinkt irgendetwas. Es stehen schon viele leere Flaschen herum, und es ist lustig, lebensfroh und etwas chaotisch. Es sind viele Kinder da, fünf insgesamt, Balthasar ist der Jüngste. Es sind auch noch Freunde der älteren Kinder dabei. Es ist warm und laut, riecht nach Menschen und nach Essen, es ist sehr gemütlich.

2. Balthasar erinnert sich daran, dass er »nie« gewaschene Kleider hatte. Die Kinder, die sich in der Schule neben ihn setzen müssen, rümpfen die Nase und fragen ihn, ob seine Mutter denn nicht waschen könne. Er gibt zur Antwort, sie koche lieber. Er riecht selber an seinen Kleidern, findet den Geruch ganz normal. »So rochen alle bei uns.«
3. Er und auch seine Geschwister gehen nicht ganz regelmäßig zur Schule. Werden sie von außen angegriffen, werden Krankheiten erfunden. Sein Vater wird vor allem angegriffen, weil er zu viel trinkt. Die ganze Familie findet, jeder könne in seinen vier Wänden tun, was er wolle. Für die Familie scheint das Trinken des Vaters kein Problem zu sein.

Die Prägung des Mutterkomplexes erfolgt nicht nur durch die Beziehung zur Mutter, sondern durch das ganze »Mutterfeld«, durch alles, was als mütterlich erlebt wird. Die Mutter wird hier geschildert als die, die sich vor allem um die Ernährung kümmert, assistiert wird ihr von der Großmutter. Die Atmosphäre in der Küche wird geschildert, als gehe es hier noch einmal um einen Mutterbauch, in dem man geschützt ist, wo man ständig genährt wird, wo es einem wohl ist. Der Vater gehört da »irgendwie« dazu, er scheint nicht ganz real vorhanden zu sein, gutmütig geduldet in seiner alkoholischen Abwesenheit. So zumindest ist die Erinnerung von Balthasar. Die Familie hält zusammen gegen die böse Welt, die Anforderungen stellt, die die Familie nicht zu erfüllen vermag. Die Aggression wird gegen außen gewendet – Aggression, die auch zu notwendigen Trennungen führen und eine Entwicklung aus dieser Mutterkomplexatmosphäre heraus ermöglichen könnte.

Die ganze Familie ist geprägt von einem ursprünglich positiven Mutterkomplex, evoziert von Müttern, die sehr sinnlich um das körperliche Wohl der Angehörigen besorgt sind. Es scheint eine große vegetative Nähe zwischen den einzelnen Menschen gegeben zu haben, eine große Akzeptanz auch der verschiedenen Kinder. Auf die Frage, ob er sich an einen Satz der Mutter erinnere, der ein Verbot ausgedrückt habe, erinnert er sich nach längerem Nachdenken an den Satz: »Weggehen ist Sünde.« Die Geschwister lösten dieses Problem, indem sie Freundinnen und Freunde nach Hause in die Küche mitbrachten. Die Geschwister wollten sexuelle Beziehungen haben, in den späten 40er und 50er Jahren hieß das, dass sie früh heirateten. Sie zogen aus diesem Grund aber nicht etwa aus, sie wohnten weiter bei Eltern und Geschwistern. Ab und zu setzte sich eine Schwiegertochter oder ein Schwiegersohn in ihrem Wunsch nach Abgrenzung durch.

Die Mutter starb 65-jährig, Balthasar war damals 35. Die von ihm erwähnte Krise hatte bestimmt auch einen Zusammenhang mit dem Tod der Mutter.

Zunächst glaubte er, er könne den Verlust der Mutter nicht verkraften. Er bedauerte auch die Mutter, die so wenig vom Leben gehabt hatte. Er dachte dann aber, dass der Ehemann zwar schon »eine Pleite« gewesen sei, aber die Söhne hätten das alles irgendwie aufgewogen.

Er stellte dann etwas verwundert und sehr erfreut fest, dass es einer seiner Schwestern gelang, dieselbe Atmosphäre wie die Mutter herzustellen. Das tröstete ihn. Dass es ihm gelang, seinen Mutterkomplex so leicht auf die Schwester zu übertragen, könnte darauf hindeuten, dass seine Beziehung zur Mutter wenig persönlich war, dass es ihm mehr um die Zugehörigkeit zu dieser mütterlichen Atmosphäre gegangen war, die so viel Schutz und Geborgenheit gegeben hatte, eine Atmosphäre des Ununterschiedenseins.

Nun bewirkt ja jeder Schutz auch eine Einengung. Wird einem Kind die Einengung bewusst, dann setzt normalerweise eine Entwicklung zu mehr Eigenständigkeit hin ein. Das ist bei Balthasar wenig geschehen, scheint ein Familienmerkmal zu sein, bedenkt man, dass nicht einmal Sexualität und Heirat die Geschwister dazu bewogen haben, das Elternhaus zu verlassen.

Aber hier ist gerade das Problem: Weggehen ist ja Sünde. Deshalb konnte die altersgemäße Ablösung aus diesem Mutterkomplex nicht erfolgen.

Mit diesem Satz ist ein Komplexbereich im engeren Sinne innerhalb dieses Mutterkomplexes angesprochen, der aber für diesen sehr aussagekräftig sein dürfte. Dieser Satz – und natürlich mit ihm verbunden Erinnerungen, Assoziationen und Gefühle – dürfte mit der zentralen Problematik dieses Mutterkomplexes verbunden sein.

Wie erlebt Balthasar heute diesen Komplexsatz, in welchen Lebenszusammenhängen tritt er auf, was bedeutet er? Die Wirkung von Komplexen findet man in den aktuellen Beziehungen, in Projektionen, in Träumen und Phantasien.

Balthasar erzählte, er fühle sich immer sehr gekränkt, wenn jemand von seinen Einladungen vorzeitig nach Hause gehe. Auf meine Frage, wie er denn »vorzeitig« verstehe, meinte er, »vorzeitig heißt: bevor es fertig ist«. Ich fragte dann, ob es sein könnte, dass für andere Menschen etwas früher »fertig« wäre als für ihn. Er schaute mich erstaunt an und fand meine Bemerkung absurd. Er nahm die Situation, in der Menschen weggehen, ohne dass er es ihnen erlaubte, im Sinne seines Komplexes auf: Er reagierte, als wäre er wirklich in einer existentiell einschneidenden Art verlassen worden. Dabei war er identifiziert mit der Rolle, die seine Mutter jeweils innehatte.

Was läuft in dieser Komplexsituation in ihm ab? Wenn Menschen vorzeitig von seinen Einladungen nach Hause gehen, dann denkt er zuerst, er habe etwas falsch gemacht. Seine gute Stimmung ist zerstört. Er fühlt sich verlassen und hässlich gemacht von diesen Menschen, die ihn verlassen haben. Noch den ganzen nächsten Tag fühlt er sich schlecht, kann nicht arbeiten, überlegt sich, was er falsch gemacht hat. Er rettet sich dann mit Aussagen wie: »Diesen Menschen fehlt halt die Lebenskultur, die haben keine Festkultur, die können nicht genießen …« usw. Auch in den Entwertungen, die er braucht, um sein Selbstwertgefühl wieder zu stabilisieren, ist die ursprüngliche Komplexatmosphäre spürbar: Er hat Lebenskultur, er hat Festkultur.

Eine andere Möglichkeit des »Umgehens« mit dieser Situation ist die, dass er trinkt, tagelang betrunken und hinterher depressiv ist. Das ist eine komplexhafte Reaktion auf ein vermeintliches Verlassenwerden. Er reagiert mit dem Gefühl, auf eine ganz und gar unzulässige Weise verlassen, mehr noch, verraten worden zu sein.

Eine weitere Komplexreaktion: Geht er mit anderen Menschen zusammen irgendwohin, so passt er auf, dass niemand »verloren geht«. Es stört ihn, wenn seine Freunde und Freundinnen »undiszipliniert« einmal in den einen Laden hineingehen, dann bei einer Auslage stehen bleiben. Entweder sollen das alle tun oder niemand. Er achtet darauf, dass alle zur rechten Zeit etwas zu essen oder zu trinken bekommen. Wehe aber, jemand möchte zur Unzeit etwas essen oder trinken. Das stört die Harmonie, das stört das Lebensgefühl, das sich ihm in der Küche seiner Kindheit so wohlig eingeprägt hat. Besonders empört es ihn, wenn jemand ihn darauf hinweist, er benehme sich wie eine Glucke. Das kommt immer wieder vor. Er wird darüber sehr wütend, muss aber zugeben, dass er schon etwas seiner gluckenden Mutter gleicht. Für ihn ist »Glucken« indessen eine Qualitätsbezeichnung.

Es wird deutlich: Balthasar ist identifiziert mit dem Mutterpart seines Mutterkomplexes, er hält alle zusammen, wie seine Mutter es gemacht hat in seiner Erinnerung. Er reagiert also nicht wie das Kind, das damals nicht weggehen durfte, sondern wie die Mutter, die das Weggehen nicht erlaubt hat. Solange niemand selbstständig sein will in seiner Umgebung, wird dieses Verhalten als durchaus angenehm beurteilt: Er passt auf, er sorgt für Gemütlichkeit, für Ernährung im richtigen Moment. Er ist sehr fürsorglich. Nur mit seiner komplexhaften Reaktion im Sinne des Verlassenwerdens, die eintritt, wagt jemand einmal, diese Fürsorge auszuschlagen, kommen die meisten Menschen nicht klar. Ihm ist absolut nicht bewusst, dass er komplexhaft reagiert. Er sagt: »Ich tue alles, damit es den Menschen um mich herum wohl ist, und die schätzen das nicht und können offenbar auch meine gute Art zu leben nicht aushalten.« Dass er fast zwanghaft auf andere aufpassen muss und dass es ihn so sehr trifft, wenn die anderen ihn dabei nicht erfolgreich sein lassen, zeigt, dass es sich um komplexhaftes Verhalten handelt und nicht einfach um ein von der Mutter gelerntes und dann in der Folge übernommenes Verhalten.

Möglicherweise zeigt sich dieser Komplexbereich auch darin, dass er mit seinen Arbeiten nur sehr zögernd an die Öffentlichkeit tritt, große Angst vor Kritik hat und nichts verkaufen mag.

Er kann aber auch innerhalb dieser Komplexkonstellation mit der Rolle des Kindes identifiziert sein, das nicht weggehen darf. Er erlebt, dass seine Beziehungspersonen großen Druck auf ihn ausüben. Er gibt sich große Mühe, ihren Vorstellungen von ihm, wie er zu sein hat, zu entsprechen. Den Vorstellungen der Menschen nicht zu entsprechen ist für ihn auch eine Form des Verlassens. Da er sehr leicht seinen Mutterkomplex auf andere überträgt, muss er den Vorstellungen von vielen genügen. Er passt sich immer wieder an oder meint, sich anzupassen, ohne dass er dafür gelobt würde und ohne dass er dadurch das »Wir-Erleben« wieder erlebt, das ihm in der Kindheit zum Lohn wurde, wenn er nicht »weggegangen« ist. Stattdessen verlässt er sich selbst in dieser Situation, passt sich an, wo gefordert wäre, in der Beziehung er selbst zu sein.

»Von hohem Unterhaltungswert« Der ursprünglich positive Mutterkomplex im therapeutischen Prozess

Zunächst wünschte sich Balthasar ganztägige Analysen, keine abgegrenzten Stunden, sondern viel Zeit, in der er sich ausbreiten könnte. Das Thema der Fülle, das mit dem ursprünglich positiven Mutterkomplex verbunden ist, klingt an. In der Folge erklärte immer wieder er zu Beginn der Stunde, er wolle von allem sprechen, es bleibe ihm aber zu wenig Zeit. Unter dem Eindruck, nicht genug Zeit zu haben, wählte er oft kein Thema, schaute mich dann aber erwartungsvoll an im

Sinne: Bestimmen Sie doch das Thema! Bloß sehr interessant sollte es sein. Wandte ich ihm mein Interesse zu, dann wurde er plötzlich ganz lebendig, und es gelang ihm, »von hohem Unterhaltungswert« für mich zu sein. Vermutlich hatte er seine Mutter, evtl. auch die Großmutter, für ihr Interesse an ihm entschädigt, indem er von einem hohen Unterhaltungswert für diese war. Ich ärgerte mich immer wieder, dass er entweder mit vielen Worten und einer erstaunlichen Erzählergabe faktisch sehr wenig sagte oder mir im Telegrammstil ein Problem ankündigte. Bat ich um mehr Informationen oder um den präziseren Ausdruck seiner Gefühle, dann erwiderte er: »Weshalb soll ich Ihnen mehr Informationen geben, Sie verstehen doch ohne Worte.« Hier konstellierte sich in der analytischen Beziehung der Kommunikationsstil, der in seiner Ursprungsfamilie vorherrschend war. Entweder wurden lange Geschichten sehr unterhaltsam erzählt, die aber nicht unbedingt einen großen Informationswert enthielten, oder aber es wurde erwartet, dass alle »ohne Worte« verstehen.

Aus meiner gefühlsmäßigen Reaktion darauf, aus meiner Gegenübertragung, schloss ich, dass dieser Kommunikationsstil bei dem Buben eine große Unsicherheit ausgelöst hatte, die auch Wut auslöste. Diese wurde allerdings verdrängt, das

Gefühl des Zusammengehörens kompensierte diese Gefühle der Unsicherheit und die damit verbundene Angst und Wut. Gelegentlich sagte er, er wolle nicht analytisch arbeiten, ich solle ihm etwas Inspirierendes erzählen und zum Schluss ein paar gute Ratschläge für die neue Beziehung geben. In diesen Situationen übertrug er Mutters Küche auf die analytische Situation: Jetzt sollten wir es gut haben miteinander, und zum Schluss könnte ich ihm Ratschläge geben. Auf meine sehr vorsichtigen Fragen nach den Zusammenhängen zwischen Mutters Küche und der jetzigen Situation gab er sich einsichtig, sah aber nicht ein, dass er sich da etwa verändern sollte, denn eigentlich sei Inspiration doch ein sehr hoher Wert. Und das ist auch richtig aus der Sicht eines Menschen mit einem ursprünglich positiven Mutterkomplex. In dieser Situation war er in der Position des Kindes innerhalb seines Grundkomplexes. Überlegte ich seiner Ansicht nach zu lange, welche Antworten ich ihm geben sollte, fragte er, ob ich ihn nicht mehr gern hätte. Verlassen werden hieß also auch, die Liebe eines anderen Menschen zu verlieren.

Träume interessierten ihn vor allem in ihrem utopischen Gehalt. Träume, die deutlich signalisierten, dass gewisse Bereiche seines Lebens in die Verantwortung genommen werden müssten, fand er eher »schulmeisterlich«. Er wunderte sich, dass sein Unbewusstes überhaupt so schulmeisterlich sein konnte. Zwei Traumthemen tauchten immer wieder auf: »Alles, was ich könnte, will ich nicht. Ich fahre in die Stadt, da wäre ein Parkplatz, ich will aber einen besseren. Dann finde ich keinen mehr. Ich soll in ein Haus hinein, weiß aber nicht genau, in welches ich hinein will. Plötzlich ist alles abgeschlossen. Ich zucke die Schultern, lästig. Das sind diese lästigen Träume ...«

Diese Träume waren von einem quälenden Gefühl begleitet. Natürlich wusste Balthasar unterdessen, dass er sich für gewisse Dinge entschließen musste, auch wenn vielleicht der optimale Parkplatz dabei nicht gefunden wurde, dass es vielleicht sogar darum ging, den freien Parkplatz auch zum optimalen Parkplatz zu erklären. Aber das Thema des Entschlossenseins, und damit die Verantwortung für das eigene Leben, blieb noch lange durch die Fixierung im Mutterkomplex verstellt.

Das zweite Thema war das Eingeschlossenwerden: »Ich fahre in einem Lift nach oben. Er hält irgendwann, aber die Türen öffnen sich wieder einmal nicht. Ich habe Angst, keine Luft mehr zu bekommen. Erwache.« Diese Träume waren von Todesangst begleitet. Ein mit diesen Träumen verwandter Traum, der auch diese Liftträume erhellt, ist der folgende: »Mutter sitzt mir auf der Brust, sie ist schön, weich und warm. Ich bekomme keine Luft, aber es geht gerade noch.«

Die Mutter glich nicht der realen Mutter, es war einfach »die Mutter«, wohl die Repräsentantin seines Mutterkomplexes. Dieser schnürte ihm die Luft ab, aber es ging gerade noch. Und nicht zu vergessen, es war weich und warm. Weggehen war in dieser Situation nicht möglich und auch noch nicht lebensnotwendig.

»Verraten werden – dieser irrsinnige Schmerz«
Wie sich der ursprünglich positive Mutterkomplex auf der Beziehungsebene äußert

Eigentlich hatte er sich nie wirklich auf eine Beziehung eingelassen. Er war ständig auf der Flucht. Eine gängige mögliche Erklärung dafür ist, dass der Mann mit dem ursprünglich positiven Mutterkomplex ständig auf der Suche nach der Müttergöttin ist, ihm deshalb keine irdische Frau genügen kann. Eine andere Begründung sehe ich darin, dass Menschen mit einem ursprünglich positiven Mutterkomplex große Schwierigkeiten haben, sich zu trennen. Trennungen zerstören das Lebensgefühl des Zusammengehörens und verlangen, dass der Mensch sich auf das eigene Selbst zurückorganisiert. Das hieße aber, dass eine Entwicklung aus dem Mutterkomplex heraus hätte erfolgt sein müssen, ein eigenes Selbst hinreichend entwickelt. Bei Balthasar wurde deutlich, dass selbst geringfügige Erlebnisse von Trennung ihn in eine depressive Stimmung versetzten und sein Selbstwertgefühl massiv beeinträchtigten.

Allerdings hatte auch seine Scheu, sich auf andere Menschen einzulassen, eine Geschichte. Er hatte als Neunzehnjähriger eine erste Beziehung zu einem Mädchen. Die Beziehung war aus seiner Sicht sehr romantisch, sehr sinnlich. Er hatte viele Sexualphantasien, die ihn gleichzeitig bedrängten und belebten. Um diese Phantasien in die Realität umsetzen zu können, wollte er heiraten und, da er keinen Beruf hatte, nach dem Vorbild einiger seiner Geschwister weiter bei seinen Eltern wohnen. Die Freundin war von dieser Idee nicht angetan, machte ihm deutlich, dass sie ihn liebe und nicht seine Familie. Sie empfand offenbar die Beziehung auch bald als zu eng, beschwerte sich darüber, »er fresse sie auf«, und sie nannte ihn einmal »Dampfnudel« – er war schon damals etwas beleibt. Dieses Wort verzieh er ihr nie. Er fasste ihre Bemerkung als Treuebruch und Verrat auf und fühlte sich zerstört.

Gefühle der Liebe und die damit verbundenen sexuellen Phantasien sind natürliche Entwicklungsanreize, die dem Ich helfen, sich aus der Bindung an Mutter- und Vaterkomplexe zu befreien. Dadurch, dass neue Bilder in der Psyche durch die Liebe belebt werden, treten die alten einflussreichen Bilder für eine gewisse Zeit etwas in den Hintergrund; deshalb können neue Aspekte der Persönlichkeit, verbunden mit neuen Emotionen und neuen Verhaltensweisen, entwickelt werden. Auch der Verrat hätte an sich nicht so katastrophale Auswirkungen haben müssen. Das Gefühl, verraten worden zu sein, ist ein wichtiges Gefühl im Verlaufe des Individuationsprozesses. Wenn wir uns verraten fühlen, oft von Vater oder Mutter, dann werden wir in die Vereinzelung hineingestoßen. Es ist ein schmerzhaftes Erleben der Einsamkeit anstelle des Enthaltenseins in einem Verband von Menschen, es ist aber auch eine Situation, in der wir uns selbst als einzelne Menschen spüren können. Offenbar hat Balthasar eine solche Situation des Verratenwerdens in der Beziehung zu der jungen Frau zum ersten Mal erlebt, ihm blieb daher nur die Trennung. Er hatte dann zwei Jahre getrauert oder geschmollt und Gedichte geschrieben. Ein Gedicht, daran konnte er sich noch erinnern, hatte den Titel: »Mädchen sind wie Tintenfische ...« Zwei Jahre darauf hatte er einen Mann kennen gelernt, in den er sich ein wenig verliebte, auf den er sich aber nicht mehr eingelassen habe. »Diesen irrsinnigen Schmerz wollte ich nicht mehr riskieren.«

Typisch für den ursprünglich positiven Mutterkomplex eines Mannes ist die Erwartung, dass das Leben und die Welt wie eine alles spendende Mutter da ist, nährt, bewundert, weiß, was gut ist. Weil Menschen mit dieser Komplexatmosphäre sich in dieser Erwartung auch selbstgewiss den anderen Menschen nähern, überzeugt davon, dass sie an sich eine Bereicherung des Lebens sind, antworten die anderen Menschen in der Regel auch freundlicher, gewährender, wärmer als üblich. Die eigene Person und das Leben als solches bilden eine Einheit, daher ist alles möglich. Deshalb ist es auch schwierig, etwas opfern zu müssen, wenn man doch eigentlich meint, alles haben zu können. Die Problematik besteht dann dementsprechend darin, dass diese Menschen auf der Suche nach einem Partner oder einer Partnerin sind, der oder die alle Wünsche erfüllt. Es besteht immer die leise Sorge, der aktuelle Partner, die aktuelle Partnerin könnte einen daran hindern, den wirklich allerbesten Partner, die allerbeste Partnerin zu finden. Das bringt Unruhe und Unsicherheit in den Beziehungsbereich. Da zudem die Entwicklung der Entschlusskraft kein Thema ist, solange der Ich-Komplex mit dem Mutterkomplex identifiziert ist, werden diese Menschen eher gewählt, als dass sie selber wählen.

Ein weiterer Grund dafür, dass Balthasars Beziehungen nicht andauerten, war sein ihm weitgehend unbewusster Wunsch, fraglos geliebt und ertragen zu werden, ohne notwendigerweise selber dasselbe oder Ähnliches geben zu müssen. Dieses Verhalten von ihm, das von einigen männlichen Partnern als ausgesprochen »kindlich« bezeichnet wurde – was Balthasar sehr empörte –, ist auch eine Folge des ursprünglich positiven Mutterkomplexes: Man darf die Liebe, die einem im Überfluss und auch im Übermaß zugutekommt, einfach genießen. Das ist die gute Seite daran. Dass einseitige Liebe erlischt, wenn sich immer derselbe Partner in der Kinderposition verwöhnen lässt, ist die problematische Seite daran.

Es wird deutlich: Dieser ursprünglich positive Mutterkomplex war für Balthasar zu einem Gefängnis geworden, was sich auch in den Träumen ausdrückte. Im Bild gesehen bekommt man den Eindruck, dass er zwar in einem erweiterten, durchaus gemütlichen Mutterbauch lebt, der allerdings viel von seiner Attraktivität verliert, weil er nicht verlassen werden kann oder verlassen werden darf.

Zu einer Mutter gehört nicht nur, dass sie das Kind im Uterus wachsen lässt, sondern auch, dass sie es ausstößt, wenn die Zeit dazu gekommen ist. Dieses Ausstoßen zur rechten Zeit ist auch eine urweibliche Bewegung im Sinne des Lebens. Eine gute Mutter gäbe das Lebensgefühl des Enthaltenseins, des Genährtseins, des Geborgenseins, aber auch des Ausgestoßenwerdens im richtigen Zeitpunkt. Das Thema des Ausstoßens ins eigene Leben hinein, in die eigene Verantwortlichkeit, fehlt bei diesem ursprünglich positiven Mutterkomplex, deshalb wird er in späterem Alter zu einem negativen Mutterkomplex. Die Lebensmutter des Mutterkomplexes, die für die Möglichkeit steht, die Fülle des Lebens – auf allen möglichen Ebenen – zu erleben, zu genießen, zu erwarten, die das Lebensgefühl vermittelt, dass das Leben reich ist, dass man von ihm getragen ist, wird zu einer Mutter, die fast »zu Tode« schützt. Die Fülle kann nicht genützt werden und wird zu einer fast unerträglichen Verzettelung der eigenen Kräfte, das Genießen wird zur Falle, weil nur noch genossen wird, und das Gefühl des Getragenseins verkehrt sich in ein Gefühl des Gefangenseins.

Mit anderen Worten: Kann das Ausgestoßenwerden aus dem »Mutterparadies« nicht erlebt werden als etwas, das zwar schmerzt, aber auch eine neue Öffnung bewirkt, die es ermöglicht, das eigene Leben zu leben, und werden im Zusammenhang damit Trennungen vermieden, dann wird der Tod als Realität nicht erkannt, und in der Folge wird das Leben wie tot. Formuliert man ein übergreifendes Therapieziel für Balthasar, dann dieses: Balthasar muss geboren werden. Ich beziehe mich dabei auf den Satz von Erich Fromm: »Die meisten Menschen sterben, bevor sie ganz geboren sind.«

Dieses Ziel kann erreicht werden, indem Balthasar sich auf die analytische Beziehung einlässt. Das versuchte er, die Zeit war reif dafür. Das übergreifende Ziel kann erreicht werden, wenn die einzelnen Komplexkonstellationen bearbeitet werden. Es ist allerdings auch von größter Wichtigkeit, die Werte, die in jeder Komplexkonstellation liegen, zu formulieren und ins Bewusstsein zu heben. Es wäre undenkbar, mit diesem Mann zu arbeiten, ohne gelegentlich wunderbare Utopien miteinander zu teilen, ohne sich gelegentlich inspirierte und inspirierende Geschichten anzuhören.

»Man kann fast alles im Leben ertragen, wenn man gut gegessen hat«
Der ursprünglich positive Mutterkomplex bei Frauen

Balthasar hatte eine Schwester, auf die er den Mutterkomplex leicht übertragen konnte. Er erzählte oft von dieser Schwester, und ich lernte sie auch etwas besser kennen, als es notwendig wurde, für sie einen Therapeuten oder eine Therapeutin zu suchen. Dadurch ergab sich die Möglichkeit, den ursprünglich positiven Mutterkomplex, evoziert durch dieselbe Mutter, mit demselben Vater und in etwa demselben Mutterraum, zu vergleichen. Balthasars Schwester ist drei Jahre älter als er.

Während der Therapie fragte sich Balthasar selbst und auch mich immer wieder, warum es seine Schwester so viel leichter habe als er. Sie seien doch in derselben Küche aufgewachsen, sie hätten doch dieselbe Komplexstruktur. Nun ist das natürlich nicht zwingendermaßen so; es wäre durchaus denkbar, dass die Schwester eine mehrheitlich prägende Beziehung zur Großmutter gehabt hätte, mit einer Beziehung zum Vater, die der von Balthasar nicht ähnlich war. Dass Balthasar allerdings seinen Mutterkomplex so leicht auf diese Schwester übertragen konnte, lässt die Hypothese zu, dass sie vergleichbare Prägungen hatte. Einfacher hatte sie es, nach den Aussagen von Balthasar, weil sie deutlich zufriedener war, eine Familie hatte mit Mann und fünf Kindern, keine Depressionen und keine Alkoholabstürze. Seine Hypothese war: Frauen haben es einfacher, wenn sie sich nicht aus einem ursprünglich positiven Mutterkomplex herausentwickeln.

Mit dieser Hypothese steht er nicht allein da. In diesem Zusammenhang sind die Theorien von Nancy Chodorow beizuziehen[3], die sich Gedanken macht über die Identitätsentwicklung bei der Frau und beim Mann. Ihre Grundidee ist die, dass das Mädchen in der Identität mit der Mutter auch schon die Grundlagen der eigenen Identität erwirbt, während der Knabe seine Identität gegen die Mutter entwickeln muss. Er muss sich von der Mutter abgrenzen, muss sich trennen, sich in einen Gegensatz stellen, um sich als Mann identifizieren zu können. Chodorow meint dann auch, dass die hohe Bedeutung der Rivalität unter Männern immer noch mit der Identitätssuche und dem Identitätserhalt zu tun hat. Bezogen auf die ursprünglich positiven Mutterkomplexe würde das bedeuten, dass der Mann, der sich nicht altersgemäß ablösen kann, an einer Identitätsstörung leiden würde, mit der damit verbundenen schlechten Ich-Kohärenz, und deshalb mit einer erhöhten Anfälligkeit für psychische Störungen auf allen Ebenen. Die Frau würde beim ursprünglich positiven Mutterkomplex die Basis ihrer Identität behalten, wäre also wesentlich weniger beeinträchtigt in ihrem Identitätserleben. Sie würde allerdings mutterabhängig, also unreif bleiben.

»Wo bleibt der Dank?«
Barbara

Die Schwester, ich nenne sie Barbara, suchte, da sie einen depressiven Einbruch hatte, einen Therapeuten, der sowohl analytisch als auch in Körpertherapie, sowohl verhaltenstherapeutisch als auch im Bereich der spirituellen Therapien versiert war. Dieser nicht gerade bescheidene Wunsch wurde als eine Selbstverständlichkeit vorgetragen. Ich bat Balthasar, etwas von seiner Schwester zu erzählen.

Das Leben der Familie von Barbara finde in einer Wohnküche statt, sie besäßen aber ein großes Haus. Die Atmosphäre sei vergleichbar der, die in Mutters Küche geherrscht habe, es sei aber alles viel ordentlicher und sauberer. Barbara koche gern und gut, sie sei auch etwas rundlich, das habe ihr nie etwas ausgemacht, jetzt leide sie plötzlich unter ihrem Dicksein. Die anderen Geschwister seien oft zu Besuch bei ihr, es sei halt der Ort, wo sich alle treffen. An Weihnachten könnten ohne weiteres etwa vierzig Menschen in dieser Wohnküche sein, die eigentlich für zehn Personen gedacht sei. Das sei dann aber »urgemütlich«, eng und sehr behaglich. Der Ehemann von Barbara genieße das auch, er sei auch sonst ein Genießer, eher ein stiller Mensch, spreche aber ab und zu ein Machtwort. Er sei ein Gärtner, der in seinem Beruf sehr befriedigt sei. Das wundert Balthasar, weil er selber ja beruflich »nicht auf die Füße« kommt.

Barbara scheint total abhängig zu sein von ihrem Ehemann. Sätze wie: »Wir müssen zuerst Vater fragen«; »Vater bringt das schon wieder in Ordnung«; »Wartet, bis Vater kommt« scheinen häufig zu fallen. Wenn sie ihren Mann mit »Vater« anspricht, sagt sie damit auch aus, dass sie sich als Tochter versteht und sich damit auf eine Stufe mit ihren Kindern stellt.

Ihre Depression wurde ausgelöst, als die Kinder sich gemeinsam und etwas überstürzt ablösten und sich alle miteinander eine gemeinsame Wohnung nahmen. Ausgelöst wurde dieser Exodus dadurch, dass der Vater dem 24-jährigen Sohn mitteilte, dass man in seinem Alter nicht mehr bei den Eltern wohne. Auf diese ungeheuerliche Intervention hin sind alle anderen Kinder – außer dem Jüngsten – ausgezogen und haben eine geschwisterliche Wohngemeinschaft gegründet. Balthasar sagt von diesen Kindern, sie seien alle interessant, begabt, aber auch von einer gewissen Ruchlosigkeit. Er kann es nicht gutheißen, dass sie alle ausgezogen sind. Die Intervention seines Schwagers kann er zwar intellektuell verstehen, aber sie wäre wohl auch »feiner und etwas später« anzubringen gewesen.

Interessant ist, dass diese Jugendlichen als Geschwistergemeinschaft offenbar genug positivmutterkomplexige Atmosphäre herstellen können, um die Wohnküche zu Hause zu verlassen. Allerdings mussten auch sie durch den Vater dazu aufgefordert werden.

Barbara reagierte auf diesen Auszug mit einer schweren depressiven Verstimmung. Sie kann nur noch schlecht schlafen; schläft nicht ein, wacht sehr früh wieder auf, ist total gerädert, kann nicht aufstehen. Sie sagt, das Leben habe keinen Sinn mehr, es sei alles so leer und öde. Sie bedauert, nicht noch einen richtigen »Nachzügler« zu haben, den oder die man so richtig verwöhnen könnte.

Barbara scheint identifiziert zu sein mit ihrer Mutter: Sie hat gleich viele Kinder, wie ihre Mutter sie hatte, sie bemüht sich um eine vergleichbare Atmosphäre in ihrer Wohnküche. Damit lässt es sich für eine Frau, vorausgesetzt, sie hat dieselbe Vorstellung von einem Frauenleben wie die Mutter, durchaus leben. Deshalb konnte sie auch vom Bruder beneidet werden. Dass sie so stark auf die Trennung von den adoleszenten Kindern reagiert, könnte darauf hinweisen, dass sie weitgehend mit dem Mutterpart ihres ursprünglich positiven Mutterkomplexes identifiziert ist und dass es jetzt an der Zeit wäre, sich aus diesem ursprünglich positiven Mutterkomplex weiterzuentwickeln. Sie ist nicht identifiziert mit der Rolle ihrer Mutter als Ehefrau. Hatte die Mutter einen Mann geheiratet, der ein Alkoholproblem hatte, hat Barbara sich mit einem mütterlichen Vater-Mann zusammengetan. Sie selber hatte wohl ihren Vater zu wenig väterlich erlebt, jetzt ist es ihr gelungen, einen Mann zu heiraten, der mit dem Weiblichen gut zurechtkommt. Auch wenn er vielleicht etwas idealisiert wird von seinem Schwager, ist er doch ein Mann, der sich mit der Kultivierung der Natur seinen Lebensunterhalt verdient. Die Natur in ihrem Wachstum zu unterstützen hat etwas Mütterliches. Er ist aber auch um ordnende Strukturen bemüht: im Garten und in der Wohnküche. Er erschreckt die anderen nicht, indem er zu viel Struktur verlangt, beruhigt aber die Situation, indem er auf ein Minimum an Struktur besteht. Es drängt sich die Hypothese auf, dass dieser Mann durch einen recht gut ausbalancierten Vater- und Mutterkomplex geprägt ist, mit einer deutlichen Vorliebe für eine positiv-mutterkomplexige Atmosphäre, die ihn nicht ängstigt.

Barbara war also fähig, für sich den Partner zu finden, der sie in ihrem Komplexsystem ertragen konnte, dieses aber gleichzeitig auch ergänzte. Allerdings war Barbara auch nicht einfach wie die Mutter, nach Aussagen von Balthasar: Die Kinder sollten sich selbstständig verhalten und ihr gleichzeitig am Schürzenzipfel hängen. Dies als Reaktion darauf, dass sie fand, sie seien als Kinder von ihrer Mutter zu sehr in ihrer Selbstständigkeit beschnitten worden. Dennoch gleicht sie auch der Mutter. Ernährung war für sie auch sehr wichtig: Ihre Leitsätze: »Man kann fast alles im Leben ertragen, wenn man gut gegessen hat.« Oder: »Zuerst muss man einen guten Boden legen.« Damit meinte sie, eine gute Mahlzeit sei die Voraussetzung für alles andere. Auch sie versteht es, um sich herum eine erotische, sinnliche, sinnenhafte Atmosphäre zu schaffen wie ihre Mutter. Auch sie trennt sich schwer. Ihre Depression nach dem für sie überstürzten Wegzug ihrer Kinder – dieser wirkte überstürzt, weil er, zu lange aufgeschoben, nun so plötzlich erfolgte – könnte darauf hinweisen, dass es doch auch in ihrem System »Sünde ist, wegzugehen«, wenn auch vielleicht etwas mehr im Verborgenen als bei ihrer Mutter.

Die depressive Reaktion ist leicht zu verstehen: Bis zu diesem Zeitpunkt hatte Barbara ihre Identität weitgehend aus der Identifikation mit dem ursprünglich positiven Mutterkomplex bezogen in der Identifikation mit dem Mutterpart. Sie hatte schon fast eine archetypische Form der Mütterlichkeit gelebt. Ihre eigene Identität jenseits der Erfüllung der Rolle wäre zwar bestimmt ab und zu gefragt gewesen, aber offenbar nicht in einer unausweichlichen Dringlichkeit. Jetzt wird ihr Selbst-Sein aber gefragt, unaufschiebbar. Die Depression fordert ihr Selbst-Sein heraus. Sie beklagt sich, sie habe »ein Leben lang« hungrige Mäuler gestopft, und der Dank dafür? Einfach verlassen hätten sie sie. Diese Sätze sind typisch für einen Menschen mit einer depressiven Struktur. Dennoch hat sie nicht das Lebensgefühl des Eingesperrtseins, sie fühlt sich nicht gefangen; sie hat aber das Gefühl, an einem »Nullpunkt« zu sein, neu anfangen zu müssen. Sie muss aufhören, Mutter zu sein. Sie muss auch eine neue Beziehung zu ihrem Ehemann herstellen. Dieser hatte nämlich verlauten lassen, als sie ihn vorsichtig rügte wegen der Bemerkung, die er zu seinem ältesten Sohn gemacht hatte, er wolle das Leben mit ihr allein genießen und mit ihr noch zusammenleben ohne Kinder. Von ihm her besteht deutlich das Bedürfnis, auch Partner zu sein, nicht nur Vater.

Vergleicht man Bruder und Schwester, dann fällt auf, dass Barbara in der Tat ein sie wesentlich befriedigenderes Leben geführt hat als ihr Bruder. Allerdings hat auch sie viele ihrer Begabungen nicht gelebt, aber sie hat sich sozusagen für das »natürliche Schicksal« entschlossen.

»Irgendwie wird es schon weitergehen« Agnes

Eine 40-jährige Frau kommt in Therapie, weil sich ihr Mann von ihr trennen will. Noch ist sie verheiratet, sie hat seit etwa acht Jahren einen Freund. Ihr Ehemann war sehr lange der Ansicht, es handle sich um eine platonische Freundschaft. Als er herausfindet, dass dies ein Irrtum war, will er sich von seiner Frau trennen. Die beiden haben zwei Kinder. Die Frau, ich nenne sie Agnes, hat ein abgeschlossenes akademisches Studium und ist auf ihrem Studiengebiet berufstätig.

Agnes ist verspielt angezogen. Wo ein Schleifchen befestigt werden kann, ist eines befestigt. Sie spricht mit einer singenden Stimme, die ein wenig an die Stimme eines kleinen Mädchens erinnert. Zwar spricht sie einen Dialekt, der schon etwas Singendes in sich hat, ihre Stimmführung ist aber dennoch auffällig. So wirkt sie mädchenhaft verspielt, ein wenig kapriziös, freundlich und liebevoll. Sie vermittelt den Eindruck von einem gutartigen, leicht zum Staunen zu bringenden Kind. Sie erzählt mit ängstlich aufgerissenen Augen, ihr Mann hätte Hassausbrüche. Sie kann das nicht verstehen, sie meint es doch nur gut, sie tut doch niemandem etwas Böses, warum denn jetzt plötzlich Hass?

Ihr Ehemann sei eher mütterlich und etwas zwanghaft. Immer wieder nenne er sie »mein bezauberndes Kind«. Früher habe sie diesen Kosenamen attraktiv gefunden, unterdessen finde sie ihn überholt.

Der Mann, den sie vor neun Jahren getroffen hat und mit dem sie seither eine Beziehung pflegt, nimmt sie als Frau wahr, nicht so sehr als Kind. Auch er ist sehr einfühlend, aber weniger mütterlich, kameradschaftlicher, er fordert sie mehr heraus. Sie will auf keinen der beiden Männer verzichten, sie liebe beide, und die beiden würden einander nicht stören. Es gibt zudem noch Altersfreunde ihrer verstorbenen Mutter, mit denen sie auch enge Kontakte pflegt, die sie sehr genieße. Sie hat auch eine beste Freundin, mit der sie viel Zeit verbringt und die eine wichtige Stelle in ihrem Leben einnimmt. Sie investiert sehr viel Zeit und Energie in Beziehungen. Auch sie ist sehr genussfähig, genießt aber eher Beziehungen und Anregungen, die sie aus den Beziehungen nimmt, als Essen. Sie sehe überhaupt nicht ein, warum sich im Rahmen ihrer Beziehungen irgendetwas ausschließen sollte. Nur ihr Mann sei der Ansicht, das gehe so nicht. Sie selber sehe keinen Grund, irgendeine Entscheidung zu treffen, sie treffe sowieso ganz selten Entscheidungen und die dann nur im Beruf, wenn es unumgänglich sei. Ihr Mann habe sie deswegen gelegentlich kritisiert, er sei dann immer böse.

Nach langen Diskussionen hat er sie verlassen. Jetzt ist sie etwas verwundert, dass sie plötzlich allein ist mit ihren beiden Kindern. Sie ist auch erstaunt, welche Aufgaben auf sie zukommen, jetzt, wo sie alles alleine machen muss. Sie stellt fest, dass sie wohl recht großzügig mit Geld umgeht, aber Geld müsse doch eigentlich im Umlauf sein, da nütze es am meisten. Bis jetzt hat allerdings nur ihr Mann gewusst, wie viel sie verdiente. Sie hatte es immer wieder vergessen. Sie stellt fest, dass sie nicht erziehen kann. Sie sagt von sich selbst, eigentlich sei sie wie ein drittes Kind, das nun für die zwei anderen Kinder sorgen müsse, fügt dann aber an: »Irgendwie wird das schon gut gehen.« Beim Zuhören beginne ich mich um alles Mögliche zu sorgen, sie ist aber so sehr überzeugt, dass es irgendwie gehen wird, dass sie es schafft, auch mich zu überzeugen.

Agnes ist sehr interessiert an Kunst. Die darstellende Kunst und Literatur belebt sie. Sie kann lange und begeistert von Kunstwerken erzählen, bringt regelmäßig ihre Traumbilder mit Bildern der Kunst in Verbindung und ist dann glücklich, wenn sie sieht, dass ihre Traumbilder einen Zusammenhang haben mit von Künstlern gemalten Bildern. Sie sieht darin einen inneren Zusammenhang und eine innere Bewegung von allem mit allem, was es gibt auf der Welt. Sie fühlt sich als Teil eines großen Ganzen und interessiert sich dafür, wie sie, die den Teil verkörpert, auf das große Ganze wirkt. Sie ist eine sehr gute Träumerin und kann ihre Vorstellungswelt leicht fassen und beschreiben. Sie ist nah dem Unbewussten, auch sehr gefühlvoll im Umgang mit Menschen und spirituell interessiert. Sie verbreitet eine Atmosphäre im Sinne von: Das Leben ist dazu da, dass man zugreift. Es ist ja alles in Hülle und Fülle vorhanden. Es ist auch nicht sinnvoll, sich so sehr anzustrengen, man könnte dann nämlich übersehen, dass die Dinge auf einen zukommen.

Auch sie will auf nichts verzichten, sie will sich nicht entscheiden, sie will genießen. Sie projiziert die gute »Große Mutter« auf die Welt und das Leben und ist ganz erstaunt, wenn sich die Menschen nicht ihrer Komplexerwartung gemäß benehmen. Sie hat sich für ihr Alter eine bemerkenswerte Arglosigkeit erhalten, und gelegentlich frage ich mich, ob sie überhaupt auf dieser Welt gelebt hat. Sie denkt nie etwas Böses, will nie etwas Böses, sie hat keinen Schatten, das heißt, über ihren Schatten weiß sie erstaunlich wenig.

Sie ärgert sich gelegentlich darüber, dass andere versuchen, sie zu »bevormunden«. Bevormundet wird sie natürlich, weil sie sich verwöhnen lässt, und mit der Verwöhnung sind ja meistens auch gewisse Vorschriften verbunden. Sie spricht das Problem aber nicht an. Ihre Berufsarbeit ist für sie unproblematisch. Sie arbeitet seit dreizehn Jahren an derselben Stelle und findet ihre Arbeit meistens interessant.

Wie ist sie zu dem geworden, was sie geworden ist? Mit 25 Jahren hat sie geheiratet, das hatte ihre Mutter so erwartet. Sie hatte gefunden, was sie brauchte, einen mütterlichen Mann, der auch fähig war, Struktur in ihr Leben zu bringen. Er traf auch immer alle Entscheidungen. Dann tauchte ihr Freund auf: Sie hat mehr im Leben gefunden, als sie brauchen kann. Von außen betrachtet, ergibt diese Beziehung einen Sinn: War sie bei ihrem Ehemann noch in der Tochterposition, ihr Ehemann offenbar ein mütterlicher Vater, so ist sie bei ihrem Freund eine Partnerin. Diese Freundschaft könnte zeigen, dass sie sich doch etwas aus dem Mutter- und dem Vaterkomplex herausentwickelt hat. Auch scheint es jetzt Zeit zu sein, sich für oder gegen etwas zu entscheiden. Dass sie einer Entscheidungssituation nicht mehr ausweichen kann, macht sie hilflos. »Ich muss aufpassen, dass ich nicht in ein Loch falle.« Um zu verhindern, dass sie in ein Loch fällt, besucht sie Vorträge, schaut sich Kunstausstellungen an, trifft Menschen, von denen sie weiß, dass sie mit ihnen anregende, inspirierende Gespräche führen kann. Auch sie könnte in dieser Situation depressiv werden, sie könnte in ein Loch fallen, was sie als einen Zustand der Langeweile und des Nicht-mehr-Wissens, wie das Leben zu bewältigen ist, versteht, aber auch als einen Zustand, bei dem ihr Vertrauen ins Leben abhanden kommen könnte. Sie fällt aber nicht in ein Loch, sie kann sich inspirieren lassen und fühlt sich dann wieder lebendig und gut.

»Solange du die Kleine bist«
Die Genese dieser Komplexprägung

Die Eltern von Agnes ließen sich scheiden, als sie vierjährig war. Der Vater wurde in der Folge unwichtig und starb früh. Den Tod des Vaters erlebte Agnes nicht bewusst. Sie erinnert sich vor allem an das Zusammensein mit ihrer Mutter, die sie liebevoll behütete und die zärtlich und verwöhnend war. Sie bekam alles von der Mutter, war körperlich und geistig gut genährt. Die Mutter habe Freunde gehabt, sie habe sich aber nicht ausgeschlossen gefühlt. Jetzt im Nachhinein denke sie natürlich, wenn die beiden sich jeweils geliebt hätten, dann sei sie wohl schon ausgeschlossen gewesen, aber sie habe es auf jeden Fall nicht gemerkt. Sprachen die anderen Kinder im Kindergarten von ihrem Vater und wurde sie auf ihren fehlenden Vater angesprochen, habe sie jeweils stolz gesagt, »wir haben dafür Freunde« – ein deutliches Zeichen dafür, wie nah sie ihrer Mutter war.

Sie erinnert ein Bild: Sie, im Alter von sechs, sieben Jahren, sitzt auf Mutters Schoß. Mutter liest ihr etwas vor. Sie sitzen ganz eng, und Agnes hört Mutters Herzschlag. Sie fragt ihre Mutter: »Hörst du meinen Herzschlag auch?« Dieses Bild sieht sie in der Imagination ganz deutlich vor sich, sie kann auch den Körpergeruch der Mutter noch riechen und sieht dann jeweils einen Lichtkegel auf sie beide gerichtet, wie wenn sie durch eine Spotlampe beleuchtet worden wären. Sie weiß aber, dass sie nie eine solche Spotlampe besessen haben, sondern nur normale Lampen. Diese Vorstellung von Beleuchtung soll also wohl die enge Beziehung der beiden hervorheben und ins Zentrum rücken. Sie erzählt dann weiter, dass sie auch noch auf Mutters Schoß saß, als sie schon viel zu groß und zu schwer dafür war, später habe sie dann ab und zu die Mutter auf ihren Schoß genommen. Ihrer Mutter fiel immer etwas ein, sie war eine sehr interessierte Frau, die ihre Tochter offenbar gut unterhalten konnte. Der Tochter ihrerseits fiel es nie ein, das Programm der Mutter in Frage zu stellen oder zu stören.

Diese Mutter ist vor drei Jahren gestorben. Gleich nach ihrem Tod fühlte sich Agnes zerstört, sie verstand nicht, warum sie nicht auch mit gestorben war. Dann begegnete sie ihrer Mutter in den Träumen. Das war für sie ein deutlicher Hinweis dafür, dass die Mutter noch lebendig sei, wenn auch im Jenseits. Dieses so scharfe Trennen von Diesseits und Jenseits sei nicht notwendig, das sei patriarchales Denken, das müsse sie als Frau schließlich nicht mitmachen.

Die Erfahrung, die Agnes machte, ist typisch:

Verstorbene können in großer Lebendigkeit in den Träumen erscheinen, meistens sind sie allerdings etwas verändert, oft erscheinen sie jünger. Diese Träume werden von den meisten Menschen verstanden als Hinweis darauf, dass der verstorbene Mensch irgendwie noch lebt, und viele versuchen, zunächst noch eine Beziehung zum Jenseits herzustellen. Es wird dann aber im Fortgang des Trauerprozesses deutlich, dass diese Verstorbenen als innere Gestalten aufzufassen sind.

Das zu denken weigerte sich Agnes aber. Sie lebte eine Symbiose mit der toten Mutter im Jenseits. Selbst der Tod bringt keine Trennung. »Tote leben sowieso mit uns, und vom Jenseits aus kann die Mutter besser auf mich aufpassen.« Die Trauer um die verstorbene Mutter wurde während der Trennung von ihrem Mann als ernstes Problem aktuell. Jetzt, bei dieser erneuten Trennung, konnte das Thema nicht mehr vermieden werden.

Es war schwierig für Agnes, Sätze zu finden, die auf einen problematischen Zusammenstoß mit der Mutter hingedeutet hätten. Die gab es einfach nicht. In der Berufswelt wurden wir dann fündig. Sie stellt fest, dass sie in der Regel die anderen über sich bestimmen lässt. Aber in letzter Zeit fällt ihr auf, dass Kollegen und Kolleginnen für sie Lösungen finden, die nicht gut sind, sondern mehr zu deren eigenem Vorteil. Früher sorgten sie irgendwie besser für »die Kleine«, so wurde sie liebevoll spöttisch im Kollegenkreis genannt. Aus diesen Episoden haben wir einen Komplexsatz erschlossen: »Solange du die Kleine bist, geht es dir gut.« Dieser Satz impliziert, dass sie nicht »groß« werden darf und letztlich natürlich auch nicht weggehen darf. Agnes wird auf ihre Rolle als Tochter festgelegt. Sogar dann, wenn sie mit ihren Kindern umgeht und eigentlich die Mutterrolle übernehmen müsste, bleibt sie in der Tochterrolle. Das geht so weit, dass ihr Sohn über sie verfügt. Ihre Tochter merkt das und wird darüber wütend, erinnert ihre Mutter an ihre emanzipatorischen Verpflichtungen.

Wenn dieser Komplexsatz »Solange du die Kleine bist, geht es dir gut« in ihrer Jugend ein Satz war, der verhinderte, dass sie sich aus ihrer Tochterrolle herausentwickelte, dann stellt sich natürlich die Frage, wie ihre Mutter die Heirat ihrer Tochter erlebt hat. War das nicht ein Weggehen? Agnes verneint und meint schulterzuckend: »Wir haben halt geheiratet.« Ich verstand, sie hätte ihren Mann geheiratet, sie aber meinte, sie alle drei hätten geheiratet. Die Beziehung zur Mutter habe sich auch dadurch nicht verändert, ihre Mutter und ihr Mann hätten sich sehr gut verstanden. Sie konnte also heiraten und Tochter ihrer Mutter bleiben.

Agnes ist eine außergewöhnlich freundliche Analysandin. Sie bringt sehr interessantes Material, kann es auch leicht auf ihr alltägliches Leben übertragen, ist aber wesentlich mehr an der »ewigen« Dimension ihrer Träume interessiert. Sie ist in der Rolle einer Tochter, die gerne lernt und sehr anregend ist. Ich erlebe immer wieder, wie ich energisch sagen will: »Jetzt muss doch das und das geschehen.« Ich halte diese Reaktionen zurück. Sie würde sie mit erstaunten Augen anhören. Meinen Energieschub würde sie vermutlich nicht verstehen. Gelegentlich erlebe ich in meinen Gefühlen ihren abgespaltenen Schatten. Ich habe dann Mühe, ihre rosarote Welt auch in ihrer Berechtigung stehen zu lassen, werde wütend angesichts ihrer passiven Aggression. Ich kann ihr das Beziehungsgeschehen zwischen uns erklären: Meine Wut als Tendenz, sie innerlich in Bewegung zu bringen. Sie versteht die Interaktion, würde sich auch gerne verändern, entschlossener werden, ihre Wut spüren, ihrem Leben zuliebe, aber auch, um mir einen Gefallen zu tun.

Wir machen eine Trauertherapie. Ich versuche, ihre Beziehung zu ihrer Mutter und die zu ihrem Mann wieder ins Bewusstsein zu rücken und ihr deutlich zu machen, dass in beiden Fällen sich etwas grundlegend verändert hat. Ihre Träume sind ausgesprochen hilfreich dabei. Es gibt auch Träume, die weniger mit dem Trauerprozess im Zusammenhang stehen. Sie träumt oft von Häusern, muss sich z.B. ein Haus suchen, in dem sie wohnen will. Sie kann sich schlecht entschließen. Gelegentlich leben in diesen Häusern Frauen in ihrem Alter, die aber alle »reifer« als sie selbst sind, die sie nicht kennt, aber sehr gerne kennen lernen möchte. Diese geheimnisvollen, faszinierenden fremden Frauen sind faszinierende Animaanteile, die einen deutlichen Entwicklungsimpuls an die Träumerin herantragen und sie von der Faszination durch die Mutter lösen, indem sie eine neue Faszination versprechen. Gelegentlich wird sie in den Träumen auch einfach wachgerüttelt. Sie muss sich ein eigenes Haus suchen, einen eigenen Lebensraum, auch einen eigenen Schutzraum, dabei muss sie erwachen, den unbekannten faszinierenden weiblichen Anteilen in ihrer Psyche Raum lassen, diese kennen lernen. Bei dieser Frau wird deutlich, wie ihr aus der eigenen Psyche eine Ablösemöglichkeit von der Mutter entgegenkommt: Anima und Animus helfen uns, uns von den Elternkomplexen abzulösen. Dabei ist weniger der Aspekt der Arbeit an den Komplexprägungen und den sich jeweils ergebenden Komplexkonstellationen im Alltag betont, sondern das Aufnehmen von neuen Impulsen aus der Psyche, das meistens mit einem Sichergreifen-Lassen von Faszinationen einhergeht.

Verlust und Trennung nicht vorgesehen
Vergleich der Wirkung der beiden Komplexprägungen

Barbara und Agnes, beide zeichnen sich für eine gewisse Lebenszeit durch eine sichere Identität als Frauen aus, die ihnen ein gutes Selbstgefühl gibt und ihnen vermittelt, dass sie »richtig« in einem reichen Leben stehen, das sie auf ihre Weise genießen können. Beide haben sie erfüllende Beziehungen, bis Trennungen unabwendbar sind, Trennungen von Menschen, die ihnen etwas bedeutet haben. Es geht bei Trennungen nie nur darum, dass wir uns ablösen von Menschen, es geht immer auch darum, dass dadurch unsere Identität wieder neu definiert werden muss. Wir müssen uns vom Beziehungsselbst wieder mehr auf das individuelle Selbst zurückorganisieren und damit verbunden meistens einen deutlichen Ablöseschritt vollziehen, nicht nur von den Menschen, von denen wir uns trennen, sondern auch von den Elternkomplexen oder von kollektiven Rollenvorschriften.

Barbara ist deutlich identifiziert mit der Mutterposition ihres ursprünglich positiven Mutterkomplexes, ist aber in der Beziehung zu ihrem Ehemann in der Tochterrolle. Agnes, obwohl »nebenbei« auch Mutter geworden, als ob das die größte Selbstverständlichkeit wäre, bleibt dennoch viel deutlicher in der Tochterrolle. Neben ihrer Mutterrolle hat sie wesentliche Lebensbereiche, die sie für sich zu leben beansprucht und sich auch nicht nehmen lässt. Die Tochterrolle lässt mehr Optionen offen als die Mutterrolle; allerdings hat die Mutter von Agnes wahrscheinlich auch wesentlich mehr Lebensbereiche bei ihrer Tochter angesprochen als die Mutter von Barbara.

Beide Frauen haben eine Tendenz, auf Verlust mit depressiven Verstimmungen zu reagieren, wobei Agnes über beträchtliche Fähigkeiten verfügt, sich selber Wohlbefinden zu verschaffen. Es sieht so aus, als hätte sie viel förderndes Mütterliches, das sie mit ihrer Mutter erlebt hat, für sich umgewandelt und integriert. Agnes hat nicht einfach dieselben Interessen wie ihre Mutter, sie hat ihre Interessen vor allem weit mehr kultiviert, als das ihre Mutter je getan hatte. Die Anstöße kamen von der Mutter und waren, verwoben mit dieser guten Mutteratmosphäre, Garant für die Wiederherstellung einer guten Lebensatmosphäre in schlechten Zeiten. Da sie komplexhaft besetzt waren, steckte in ihnen auch ein gewisser Zwang, aber ein Zwang, der sich für Agnes günstig auswirkte, da er nichts von ihr verlangte, was ihrer Persönlichkeit nicht entsprochen hätte. Es ist denn wohl auch das Kennzeichen der Mütter, die einen positiven Mutterkomplex wecken, dass sie zumindest für die erste Zeit der Entwicklung des Kindes diesem nichts aufzwingen, was nicht auch im Kinde angelegt wäre. Auffallend ist bei Agnes die krasse Abspaltung des Schattens, die umso mehr verwundert, als sie als belesene Frau durchaus etwas von einem Schattenkonzept weiß, aber ratlos zugibt, dass sie den Schatten bei sich selbst nicht oder kaum spürt und wahrnimmt. Sie spaltet aber nicht in der Weise, dass sie letztlich gut bleibt, die anderen die Bösen werden. Das ergibt sich aus ihrem Beziehungsverhalten zwar zwangsweise, in ihrer Einstellung aber ist sie, geprägt durch den ursprünglich positiven Mutterkomplex, gutmütig und attestiert niemandem, Böses zu wollen, zumindest nicht absichtlich.

Leben und leben lassen
Das Typische an den ursprünglich positiven Mutterkomplexen

Es wird unterdessen bereits deutlich geworden sein, was es schwierig macht, das Typische an diesen ursprünglich positiven Mutterkomplexen herauszuarbeiten. Einmal sind diese ursprünglich positiven Mutterkomplexe nicht nur im Zusammenklingen mit der Mutter, sondern in Auseinandersetzung mit verschiedenen Beziehungspersonen entstanden. Doch selbst wenn die Hauptbeziehungsperson die Mutter war und wenig andere Beziehungspersonen den Mutterkomplex mitgestalten, gibt es doch wiederum ganz verschiedene Mütter mit ihren jeweiligen Komplexkonstellationen. Bei Balthasars Mutter kann man von einer Frau sprechen, die mit Sicherheit auch von einem ursprünglich positiven Mutterkomplex geprägt war. Wir wissen, dass Balthasars Mutter die Ernährung, die Gemütlichkeit und das Herstellen von Geborgenheit ins Zentrum ihres Wirkens stellte. Es gibt nun andere Mütter, wie die von Agnes, die eine große Geborgenheit über das Erzählen von Geschichten herstellen, wieder andere haben die Bereiche des

Gestaltens im Zentrum ihrer Bezogenheit. Und immer gelingt es solchen Müttern, in den unterschiedlichen Lebensbereichen, die ihnen wichtig sind und die auch Ausdruck ihrer eigenen grundlegenden Komplexprägung sind, dieses Wir-Gefühl herzustellen, das Gefühl der Geborgenheit. Es gelingt ihnen, dem Kind zu vermitteln, dass es interessant und bedeutsam ist. Dadurch können sie dem Kind auch vermitteln, dass das Leben reich ist, dass es trägt, sie können ihm die Fülle und die Lebendigkeit des Lebens erlebbar machen. In dem Maße, in dem diese Frauen selber gelernt haben, mit Trennung umzugehen, mit Loslassen, werden sie auch die Möglichkeit haben, in den Beziehungen zu ihren Kindern altersgerechte Ausstoßimpulse zu geben. In diesem Fall werden ihre Kinder es dann in der Folge nicht mit einem nur ursprünglich positiven Mutterkomplex zu tun haben, sondern mit einem positiven Mutterkomplex, der auch erlaubt, sich jeweils altersgemäß abzulösen.

Eine weitere Schwierigkeit, das Typische am ursprünglich positiven Mutterkomplex herauszuarbeiten, besteht darin, dass nicht nur die Mütter die Bildung des Mutterkomplexes beeinflussen; es gibt auch so etwas wie einen Mutterraum, einen Lebensraum, in dem Mütterliches geschieht und erfahrbar wird. Dazu gehören Tiere, Pflanzen, die Umgebung. Der Mutterraum wird auf jeden Fall sehr leicht auf den Lebensraum als solchen übertragen. Mir scheint aber, dass der ursprünglich positive Mutterkomplex auch aus der Interaktion mit der Natur und mit Dingen gebildet wird. Zu diesem Mutterraum gehören auch mehrere Menschen, gehört die Atmosphäre, in der man aufwächst, gehören der Vater, die Geschwister, die Großeltern oder einfach Menschen, die mitleben. So betont z. B. Mechthild Papousek[4], dass zumindest mit den Forschungsmethoden der Säuglingsforschung heute kaum noch ein Unterschied zwischen der Beziehungsaufnahme der Mutter zu den Säuglingen und der des Vaters zu den Säuglingen festzustellen ist. Die Ähnlichkeiten im Umgang mit den Säuglingen überwögen die geschlechtstypischen Differenzen, die es natürlich gibt. Daher ist anzunehmen, dass wesentliche Aspekte des Mutterfeldes auch vom Vater mitbesetzt werden.

Gerade die Möglichkeit, mit mehreren verschiedenen Menschen Beziehungen zu pflegen und dabei verschiedene Facetten des Mutterkomplexes aufzubauen, kann z. B. dazu führen, dass auch ein Mutterkomplex, der an sich einengend wirkt, nicht das ganze Leben einzuengen vermag, sondern nur bestimmte Bereiche. Je nachdem, welche Komplexstrukturen Väter, soweit sie vorhanden sind, in den Mutterraum einbringen, werden andere Lebenswerte und Lebensthemen auch eine Bedeutung bekommen.

Ungeachtet der Komplexprägung besteht überdies in jedem Menschen der Drang, sich zu entwickeln, ein Drang zu Selbstständigkeit. Daher werden wir Menschen antreffen mit der Diagnose eines ursprünglich positiven Mutterkomplexes, deren Ich-Komplex dennoch teilweise von diesem Mutterkomplex abgelöst ist. Die meisten Menschen arbeiten an sich. Werden ihnen in Beziehungen z.B. gewisse Eigenheiten gespiegelt, versuchen sie, sich zu ändern. Wir werden also kaum je Menschen treffen, die an derselben Stelle stehen bei ihrer Entwicklung aus dem ursprünglich positiven Mutterkomplex, was die Beschreibung des Typischen noch einmal erschwert. Und dann ist auch noch anzumerken, dass die meisten Menschen nicht nur unter der Dominanz eines Komplexes stehen, sondern dass verschiedene Komplexe ineinander wirken und einander auch relativieren. Eingedenk all dieser Einschränkungen – was bleibt das Typische?

Menschen mit ursprünglich positivem Mutterkomplex stehen unter dem Leitspruch: »Leben und leben lassen«, womöglich sogar: »Genießen und genießen lassen«. Das Leben ist in Ordnung, sie selber sind es auch, ja weit mehr, sie sind grundsätzlich eine Bereicherung des Lebens. Sie öffnen sich vertrauensvoll der Welt, erwarten das Gute und ernten oft auch das Gute. Sie entwickeln ein Urvertrauen ins Leben, das durchaus auch zu vertrauensvoll sein kann. »Irgendwie geht es immer« ist ein Kernsatz von Menschen mit dieser Komplexprägung. Diese Zuversicht kann auch zur Trägheit werden, einer Haltung der selbstverständlichen Anspruchlichkeit an andere. Sie neigen dazu, »alles« haben zu wollen, »alles« genießen zu wollen, sie haben daher auch einen ausgeprägten Sinn für Theorien, die das »Ganze« im Blickpunkt haben. Da sich das Mutterfeld, und damit auch der Mutterkomplex, von Beginn des Lebens an formt, umfasst er auch die vorsprachliche Zeit. Auch wenn er durch alle Entwicklungsstufen hindurch gewandelt werden kann, imponiert er doch zunächst als Beschreibung der Lebensatmosphäre am Beginn des Lebens und hat dadurch natürlich eine ausgeprägte Beziehung zur eigenen Körperlichkeit und zur Fähigkeit, als körperlicher Mensch in Kontakt mit anderen Menschen treten zu können, in der Folge dann aber überhaupt mit der Fähigkeit, die eigene Intimität einem anderen Menschen aufzuschließen. Es kennzeichnet geradezu einen ursprünglich positiven Mutterkomplex, dass ein Kind in seiner ganzen Körperlichkeit, nicht nur in der gut riechenden, akzeptiert und auch bewundert wird. Geprägt von der Erfahrung, dass das Leben wie eine »Große Mutter« für sie sorgt, haben sie meistens eine unverkrampfte Beziehung zur Materie. Die Befriedigung ihrer Bedürfnisse steht ihnen zu, und sie gehen auch nicht besonders schlecht um mit der Materie. Es besteht eine Nähe zur Sinnenhaftigkeit in einem weiten Sinne, wobei diese je nach Färbung durch die Mutter jeweils anders ist. Es wäre zu einseitig, würde man den ursprünglich positiven Mutterkomplex einfach mit einer betonten Oralität in Verbindung bringen. Menschen mit einem ursprünglich positiven Mutterkomplex können genießen, auch oral genießen, aber nicht nur.

Eher nah am Unbewussten und in vertrauensvoller Beziehung zu ihm, sind es meistens phantasievolle, kreative Menschen mit großen schöpferischen Möglichkeiten, die aber nicht immer realisiert werden. Es können auch einfach Phantasten sein. In diesem Falle bleiben diese Menschen ein ewiges Versprechen. Um Ideen in die Realität zu bringen, braucht man Beharrungsvermögen, eine Form von Aggressivität, eine Fähigkeit zum Opfern und Frustrationstoleranz. Kann der Ich-Komplex sich nicht aus dem ursprünglich positiven Mutterkomplex heraus emanzipieren, dann werden diese Menschen unsichere Ich-

Grenzen entwickeln. In diesem Fall sind sie auch durch Triebdurchbrüche im weitesten Sinne bedroht.

Die Menschen mit dieser Komplexprägung sind freundlich, gewährend, auch einfühlend, wenn es ihnen passt, sie lieben die Harmonie und ein ozeanisches Lebensgefühl, bei dem Allverbundenheit spürbar wird und die Verschiedenheit der Menschen aufgehoben ist, die Fülle des Lebens im Miteinandersein geteilt werden kann und damit ein überzeugendes, vom Eros getragenes Wir-Gefühl entsteht. Ideen der Teilhabe sind sehr wichtig. Und dieses Gefühl entsteht, wenn sie »alles« verwirklichen können oder zumindest das, was sie für »alles« halten.

Schildert man die Atmosphäre des positiven Mutterkomplexes zusammenfassend, und zwar bei Frauen und bei Männern, so fällt auf, dass die Beschreibung sehr nah bei dem ist, was in der Jung'schen Psychologie auch als das Erleben der Anima verstanden wird; Anima verstanden als Bild der faszinierenden geheimnisvollen Fremden. Menschen, in deren Träumen eine Animagestalt auftaucht oder die eine Animagestalt auf eine reale Frau projizieren, sagen von sich, sie fühlten sich seelisch weit, voll von Gefühlen, sie spürten eine Sehnsucht nach Entgrenzung und nach Verschmelzung, eine Sehnsucht, die nie ganz zu erfüllen sein werde. Dabei kann die Sehnsucht der Verschmelzung erotisch-sexuell oder erotisch-spirituell gefärbt sein. Meistens ist es eine Sehnsucht nach Entgrenzung ins Körperliche hinein, die dann aber durchaus als »ganzheitlich« empfunden wird, als ozeanisch, also niemals als »nur« körperlich.

Der ursprünglich positive Mutterkomplex gibt dem Ich das Gefühl, ein hinreichend gutes Ich in einer hinreichend guten Welt zu sein, das Gefühl einer fraglosen Daseinsberechtigung. Man hat das Recht, zu leben, zu lieben, geliebt zu werden, einen Platz zu haben in dieser Welt; man hat ein Recht auf Respekt, ein Recht darauf, körperliche und seelische Bedürfnisse auszudrücken und sie auch erfüllen zu können, einfach weil man existiert. Man hat ein Recht, sich in der Welt zu verwirklichen, teilzunehmen an den Reichtümern des Lebens. Man fühlt sich letztlich »getragen« vom Leben. Dieses Lebensgefühl ist von Haerlin[5] als Lebensgefühl der Teilhabe beschrieben worden, das er in Gegensatz zum Leistungs-Ich stellt, das leisten muss, weil es »kein gutes Ich« ist.

Weder Trennung noch Entscheidung
Schwierigkeiten und Probleme

Hauptproblem für den vom positiven Mutterkomplex geprägten Menschen ist das Problem der Trennung, überhaupt die Notwendigkeit, akzeptieren zu müssen, dass es den Tod gibt, dass es Trennung und Neuanfang gibt, dass es Abbrüche und Neuansätze gibt. Ein weiteres Problem im Zusammenhang mit der Trennungsthematik ist das der Entscheidung für etwas – und damit auch gegen etwas –, überhaupt das Einbringen der Aggression ins Leben. Nicht, dass diese Menschen nicht aggressiv wären: Zum einen können sie recht gut zugreifen im Leben, die Fülle ist ja dazu da, dass sie ergriffen wird, eine Eigenschaft, die wir auch schon als »aggressiv« bezeichnen. Ist es ihnen nicht gelungen, ihren Selbstwert zu relativieren, sind sie der Ansicht, eine ganz besondere Bereicherung des Lebens zu sein, dann erwarten sie auch die damit verbundene besondere Beachtung. Wird ihnen diese versagt, sind sie leicht gekränkt; sie werden dann »schwierig«, nörglerisch, depressiv mit der damit verbundenen Autoaggression. Sie können auch – meistens indirekt – selbstdestruktiv werden, indem sie irgendwelchen Stoff zu sich nehmen, der ihnen einerseits das ozeanische Lebensgefühl wieder zurückzugeben verspricht, auf das sie doch ein Anrecht zu haben meinen und das sie vom Erlebnis »der bösen Welt« vermeintlich erlösen würde. Auch passive Aggression kann bei ihnen erlebt werden: Sie hören einfach nicht zu, vergessen ganz arglos wichtige Dinge, kommen zu spät ... Die Schwierigkeiten werden dann besonders erlebbar, wenn anstelle einer altersgemäßen Ich-Identität eine Komplexidentität besteht, wobei das Ich sich entweder mit der generalisierten Mutter des Mutterkomplexes – in der Regel unterlegt von der Mutter als der »Großen Göttin« in ihren verschiedenen Aspekten – identifiziert, also immer auch leicht grandios lebt, oder mit dem ewigen Kind oder wechselseitig mit beiden.

Für Männer und Frauen ergeben sich dadurch unterschiedliche Identitätsprobleme: Während die Männer entweder etwas zu weich wirken, zu mütterlich auch – das ist allerdings eine Beschreibung aus einer patriarchalen Welt, der es vielleicht ganz gut täte, wären die Männer etwas weicher und gefühlvoller –, oder aber immer noch in fortgeschrittenem Alter etwas Knabenhaftes an sich haben, können Frauen, identifiziert mit der Mutterrolle, unauffällig sein, falls man nicht ein einseitiges Identifizieren mit der Mutterrolle für auffällig hält, oder aber sie können sehr deutlich das Mädchenhafte in sich bewahren und sich als Töchter gebärden.

Die gemeinsamen Themen der Komplexsätze in den Fallvignetten waren: Zurückgehaltenwerden, das Verbot, das eigene Leben altersgemäß zu leben, man selbst zu werden. Dadurch wird die Ablösung nicht nur weder erleichtert noch unterstützt, sie wird sogar als »böse« und somit als »schuldhaft« hingestellt. Dafür gibt es verschiedene Gründe: Menschen, die selbst abhängig sind, können Kinder schlecht in die Autonomie entlassen. Sind Kinder zudem dazu da, ein idealisiertes Selbstbild der Beziehungspersonen aufrechtzuerhalten, dann müssen sie möglichst lange Teil des eigenen Systems bleiben. Mit den Kindern können Eltern das ersehnte Gefühl des ursprünglich positiven Mutterkomplexes herstellen. Es ist ein Lebensgefühl des Reichtums und der Fülle, belebt durch die akzeptierende, fördernde Teilhabe stimulierender Beziehung zu den Kindern. Daher ist es verständlich, dass dieses Lebensgefühl nicht so leicht geopfert wird.

Die Hilfe zur Ausstoßung fehlt auch in jenen Systemen, in denen die Aggression nicht konstruktiv eingebracht werden kann. Die Aggression wird dann im Sich-Schützen vor der Welt, im Sich-Abschotten gebraucht, statt im Gestaltend-auf-die-Welt-Zugehen.

Ein ewiges Versprechen
Positiver Mutterkomplex und depressive Struktur

Diese Komplexprägung, erfolgt nicht die altersgemäße Entwicklung aus ihr heraus, ist die Grundlage für eine depressive Struktur. Der eigene Ich-Komplex ist dann zu wenig entwickelt, Ich-Aktivität und Unterscheidung des Ich von anderen Menschen bleiben eher im Hintergrund. Es besteht zudem ein großes Bedürfnis nach Akzeptanz und Liebe. Wird einem diese nicht einfach zuteil, oder nicht in dem Maße, wie man es sich vorstellt, so versucht man, auf die Leistungsebene zu wechseln. Man versucht, die Anforderungen der Welt zu erfüllen, obwohl man eigentlich schon wütend ist, dass die Welt nicht die eigenen, doch so legitimen Anforderungen erfüllt. Die Wut darf man dabei nicht zeigen, die Wut trennt. Also wendet man sie gegen sich selbst. Es entsteht ein latentes Schuldgefühl: »Irgendwie muss es doch einen Grund dafür geben, dass das Lebensgefühl nicht mehr so wunderbar ist, wie es einmal war.« Aktuelle, wenn auch verdrängte Schuldgefühle entstehen dadurch, dass man ein »ewiges Versprechen« ist und die hohen Erwartungen, die andere in einen und die man selbst in sich gesteckt hat, immer noch nicht erfüllt hat und irgendwann doch erfüllen sollte. Die Schuldgefühle haben einen tiefen Sinn: Man wird an der eigenen Entwicklung, am eigenen Selbstsein schuldig, man wagt es nicht, entschlossen oder wenigstens ansatzweise das wirklich eigene Leben zu leben. Denn machen wir uns nichts vor: Wir meinen oft, das eigene Leben zu leben, leben aber das, was die herrschenden kollektiven Vater- und Mutterkomplexe für uns vorgesehen haben. Wir haben dann eine Man-Identität, keineswegs unsere eigene.

Auch Entwicklungen zu Angstkrankheiten sind bei diesem Typus, immer vorausgesetzt, der Ich-Komplex kann sich wenig aus diesem Mutterkomplex lösen, zu beobachten. Das entwicklungspsychologische Entwicklungsthema, in dessen Zusammenhang die Angst relevant ist, ist der Übergang von der Symbiose zur Individuation, der Übergang von Abhängigkeit zur Selbstständigkeit, von Gehorsam zur Eigenverantwortung, von Unbewusstsein zu mehr Bewusstsein, von Verschmelzen zu mehr Sich-Profilieren. Hier stellt sich die Frage – und damit hängen alle Angstkrankheiten zusammen –, ob wir autonom werden, ob wir unsere Aggressionen einsetzen können oder ob wir aggressionsgehemmt sind und uns nicht aus der Symbiose herausentwickeln dürfen. Dazu eine Definition von Jung zu

Angst: »Der junge Persönlichkeitsanteil, der am Leben verhindert und zurückgehalten wird, erzeugt Angst und verwandelt sich in Angst.«[6] Der Schritt von der Symbiose zur Individuation, vom Erleben der Einheit mit der Mutter zum freudigen Erleben von sich selbst als selbstständiger, eigener Persönlichkeit, ist eine Trennung. Bei den ersten Trennungen, die ein Kind durchmacht, wird darüber entschieden, wie ängstlich es wird, wie kompetent es nachher in seinem Leben mit Trennungen umgehen kann, es selbst sein darf. Aber auch alle weiteren Trennungen im Leben entscheiden immer weiter darüber, ob wir lernen, mit der Angst umzugehen, ob wir Leben bewältigen können, trotz der Angst.

Möglicherweise erstaunt die Feststellung, dass für eine depressive Struktur und für verschiedene Angstkrankheiten auch ein ursprünglich positiver Mutterkomplex die Ursache sein kann. Sowohl die depressive Struktur als auch die Angstkrankheiten weisen darauf hin, dass das Selbstsein zu wenig beachtet, die Individualität zu wenig verantwortlich gelebt wird. Und das kann sich gerade aus einer Situation der Fülle heraus ereignen, wobei diese Fülle auch noch den »normalen« Anspruch an das Leben darstellt. Aus dem ursprünglich positiven Mutterkomplex herkommend, bringen die Menschen zwar die

Erinnerung an eine fraglose Daseinsberechtigung mit, aber auch das Gefühl, für die Individuation recht viel an genüsslichem Ununterschiedensein opfern zu müssen.

Grundthemen, die mit dieser Komplexkonstellation immer wieder einhergehen, sind Trennung und Teilhabe, Fülle und Erschöpfung, Leben und Tod, das Unmögliche und das Machbare, Vision und Inkarnation usw.

Dass ich immer vom ursprünglich positiven Mutterkomplex gesprochen habe, bedeutet, dass er nicht positiv bleibt, entwickelt sich der Ich-Komplex nicht altersgemäß. Es muss also Möglichkeiten geben, sich aus diesem ursprünglich positiven Mutterkomplex herauszuentwickeln, um sich den Reichtum, der in dieser Komplexkonstellation zu erleben ist, zu erhalten und ins gelebte Leben zu überführen.

Landnahme im unbekannten Land
Schlussfolgerungen

Die wenigsten Menschen sind so einseitig von einem Komplex geprägt, während der jeweils andere Teil des Elternkomplexes so wenig betont ist, wie in diesem Buch beschrieben. Diese Komplexbeschreibungen sind zu verstehen als Bausteine, durch die dann die Komplexlandschaft eines individuellen Menschen besser verstanden werden kann. Es gibt jede erdenkliche Art der Zusammensetzung von Mutter- und von Vaterkomplexen. Und dennoch: Selbst bei Menschen, die eine relativ ausbalancierte Mutter- und Vaterkomplexstruktur haben, gibt es Zeiten im Leben, in denen – in Interaktion mit anderen Menschen und mit den Anforderungen des Lebens und des Berufs – jeweils bestimmte Komplexanteile mehr konstelliert werden, mehr zum Tragen kommen. So ist die Frage weniger die: Habe ich einen ursprünglich positiven Mutterkomplex, als: Wo habe ich meinen ursprünglich positiven Mutterkomplex, wann konstelliert er sich, und wie wirkt sich diese Erfahrung dann auf mein Selbsterleben und auf meine Beziehungen aus? Oder:

Wenn in meinem Leben der Vaterkomplex konstelliert wird: welche Art von Vaterkomplex ist es? Welche Komplexsätze werden reaktiviert? Muss ich komplexhaft reagieren, wie ich schon immer reagiert habe, oder kann ich anders reagieren?

Es ist in diesem Zusammenhang auch zu bedenken, dass es so etwas wie »kollektive Komplexe« gibt, die uns in unseren Komplexprägungen auch mit beeinflussen. Da in unserer androzentrischen Gesellschaft vieles, was zum Vaterkomplex gehört, als »normal« erfahren oder gar als wertvoll dargestellt wird, damit aber das, was zum Mutterkomplex gehört, als unwichtiger gesehen und auch unterschwellig immer wieder entwertet wird, wird unsere persönliche Komplexstruktur zusätzlich von einem kollektiven Vaterkomplex umlagert, der zumindest für die Frauen ein negativer Vaterkomplex ist, in dem Sinne, dass die Frauen durch diesen kollektiven Komplex nicht in ihrem eigenen Wesen gefördert werden, nicht ermutigt werden, ihre eigene Individualität zu finden. Für den Mann wäre es ein Vaterkomplex, der ihm erlaubt, in der Sohnposition zu bleiben und sich von einer notwendigen Entwicklung auszuschließen. Die vordergründige Idealisierung und die hintergründige Entwertung all der Lebensräume, die mit dem ursprünglich positiven Mutterkomplex zusammenhängen, bewirkt, dass auch ein durchaus positiver Mutterkomplex von einem kollektiven entwerteten Mutterkomplex verschattet wird. Für die Frauen bedeutet das, dass sie leicht das Gefühl haben, zwar im Erleben und im Beurteilen ganz einverstanden zu sein mit sich selbst als Frau, dann aber doch immer wieder konfrontiert zu werden mit einer kollektiven Strömung des Zweifels an der weiblichen Identität, mit einer latenten Entwertung des Frauseins. Heute gibt es als Gegenreaktion darauf eine die Frauen sehr aktivierende Sehnsucht, diese weibliche Identität zu bestimmen und zu behaupten und ihren ursprünglichen Wert einzufordern.

Die Bereitschaft, neu geboren zu werden

Im Zusammenhang mit den persönlichen Mutter- und Vaterkomplexen ist die Notwendigkeit der altersgemäßen Ablösung wesentlich. Viele Probleme, persönliche und solche im privaten Beziehungsbereich, aber auch im politischen Bereich, hängen damit zusammen, dass die notwendigen Ablösungen nicht geleistet sind. Damit ist nicht gemeint, dass wir uns ganz und gar von den Elternkomplexen ablösen könnten, aber es ist möglich, sich jeweils mit den Aspekten auseinanderzusetzen, die uns als »immer gleiche Schwierigkeiten« im Leben begegnen. Besonders zu beachten ist auch, wie sehr wir oft mit dem Mutter- oder Vaterpart unserer Komplexe identifiziert sind, ohne es zu »wissen«. Sind wir zu wenig abgelöst, dann leben wir unser Leben unter den immer gleichen Befürchtungen und mit den immer sich gleichenden Erwartungen, die irgendwie an der Realität vorbeigehen; eventuell bauen wir riesige Kompensationsstrukturen auf, in die wir viel Zeit unseres Lebens investieren und die uns letztlich doch unbefriedigt lassen. Möglicherweise haben wir sogar diffuse Schuldgefühle dabei, zu Recht, weil wir nicht wir selbst sind, weil wir nicht – in einem kontinuierlichen Prozess der Entwicklung – immer mehr wir selbst werden, sondern unter dem »Schutz« unserer Komplexe die bleiben, die wir nicht wirklich sind. Sich selbst zu verpassen im Leben ist wohl eine große Schuld – unser Unbewusstes reagiert in der Regel darauf. So besehen könnte man den ganzen Lebensprozess, wie Fromm das vorschlägt[7], als einen Geburtsprozess verstehen, jede Stufe des Lebens ist als vorläufig zu betrachten, letztlich mit dem Ziel, »geboren zu werden, bevor man stirbt«.

Diese Bereitschaft, immer wieder neu geboren

zu werden, wäre die Bereitschaft, immer wieder die Gewohnheiten, die sich aus den vertrauten Komplexprägungen ergeben, in Frage zu stellen; es bedeutet aber auch, Sicherheiten aufzugeben. Es braucht dazu Mut, sich von anderen Menschen zu unterscheiden, Mut, sich immer wieder zu trennen und sich neu wieder einzulassen. Die Ablösungsthematik ist bei Mutter- und Vaterkomplexen gleichermaßen eine Trennungsproblematik, bei der man unterschiedliche Lebensräume hinter sich lässt oder sie zumindest nur in veränderter Form mit sich nimmt. Es geht um Landnahme im »unbekannten Land«, und bei dieser Landnahme kann man sich nur auf die eigenen Gefühle, das eigene Denken, das eigene Träumen verlassen und auf die eigene Fähigkeit, immer wieder neu in Beziehungen zu Mitmenschen einzutreten. Oft ist dazu auch ein Entschluss nötig: sich einfach auch einmal auf die eigenen Gefühle zu verlassen, auf das eigene Denken, auch wenn nicht ausgemacht ist, dass sie nun wirklich stimmen – stimmiger für uns selbst als das Denken und die Gefühle der anderen Menschen für uns werden sie allemal sein.

Das Ziel des Ablöseprozesses wäre es, dergestalt im Leben zu stehen, dass uns zwar unsere Komplexprägung durchaus anzumerken ist, dass wir aber gelernt haben, unsere eigenen Sätze –

anstelle der Mutter- und Vatersätze –, unsere eigenen Gefühle angesichts einer bestimmten Situation zu spüren, anstelle der Gefühle, die aus den Komplexen resultieren. Die können wir daran erkennen, dass sie sich schon immer so fatal geglichen haben und sich immer noch gleichen. Zu lernen ist vor allem, dass wir ernsthaft, zumindest gelegentlich wirklich »ich« sagen und es auch meinen, statt in einem »man« unterzugehen, das so deutlich Ausdruck des kollektiven Aspekts der Komplexe ist.

Dann wird es uns auch möglich sein, in unserem Gegenüber ein Du zu sehen, zu dem wir uns in Beziehung setzen können, dessen Reichtum wir auf uns wirken lassen können, weil wir nicht einfach Aspekte unserer Komplexe projizieren und sie dort befriedigt sehen oder unsere üblen Erwartungen bestätigt haben wollen.

Auf der politischen Ebene würden Menschen, die sich hinreichend von den Mutter- und Vaterkomplexen abgelöst haben, mehr Eigenverantwortung wahrnehmen, nicht immer darauf warten, dass Mütter oder Väter endlich etwas tun, um sie dann gleich dafür zu kritisieren. Ich könnte mir vorstellen, dass man dann Politikerinnen und Politiker eher in einer geschwisterlichen Position sähe als die, die jetzt gerade daran sind, das Zusammenleben im großen Stil zu planen und zu organisieren, und die auch wieder von anderen abgelöst werden könnten. Und Politiker und Politikerinnen können sich, wären sie nicht identifiziert mit den Elternkomplexen, auch mehr aus einer »geschwisterlichen« Position sehen. Es ist ein mühsamer Prozess, sich abzulösen, das Prinzip Verantwortung, das daraus erfolgt, ist ebenfalls mühsam: Der Gewinn aber ist, dass wir das Gefühl haben, unser eigenes Leben zu leben. Das ergibt eine Erfahrung der Echtheit, des guten Selbstwerts und eine Sinngewissheit. Das wiederum bedeutet, dass wir mit mehr Energie im Leben stehen und interessantere Menschen sind.

Prinzip Leistung – Prinzip Teilhabe

Zum Schluss möchte ich das Thema noch von einer kollektiven Perspektive aus angehen:

Haerlin unterscheidet das Teilhabe-Ich vom Leistungs-Ich, und er sieht die Problematik und das Unglück von uns heutigen Menschen darin, dass wir so sehr auf das Leistungs-Ich setzen und so wenig auf das Teilhabe-Ich. »In der Sackgasse, in der unser Leistungssystem steckt, ist eine Sehnsucht nach teilhabendem Bewusstsein entstanden.«[8] Dem System Leistung gehören die »machbaren Aktivitäten und die gemachte Welt an ... Dem System Teilhabe ... ist alles Selbstgegebene zugeordnet.« Er erwähnt dabei den Atem, den Schlaf, die Träume. Daran hat unser Ich teil, das ist nicht machbar.

Das teilhabende Ich hat ein Grundgefühl der Daseinsberechtigung und dadurch auch das Recht, an allem in der Welt teilzuhaben, aber sich auch als ein Teil von allem zu verstehen. Dabei ist die Welt sehr groß, sie kann für dieses Ich durchaus ins Transpersonale erweitert werden. Das Teilhabe-Ich wäre also ein Ich, das sich in meiner Terminologie vom ursprünglich positiven Mutterkomplex überwiegend getragen weiß und sich deshalb auch dem »Leben« überlassen kann. Das Ich nun, das sich für schlecht hält, und das ist in meiner Terminologie Ausdruck für einen ursprünglich negativen Mutter- oder Vaterkomplex, empfindet keine Daseinsberechtigung. »Ist das Sein nicht gut, muss die Leistung gut sein.« So entsteht aus dem Gefühl heraus, kein gutes Ich zu sein, kein gutes Selbst zu sein, ein Mensch, der durch das Erbringen einer Leistung immer wieder beweisen muss, dass er oder sie doch eine Daseinsberechtigung hat. Die Leistung erfolgt dann nicht aus Freude an einer Aktivität, sondern sie muss erfolgen aus einem inneren Zwang, und sie muss auch sichtbar sein, messbar, vergleichbar mit den Leistungen von anderen Menschen. Damit verbunden sind auch alle die Strategien, wie Menschen versuchen, den Selbstwert anderer zu schmälern, und damit eine Schwächung der Energie von allen herbeiführen. Und der Schluss, den Haerlin zieht: »Die Krise des teilhabenden Bewusstseins ist die Krise des Weiblichen und der weiblich wahrgenommenen Welt. Das Leistungsbewusstsein ist die Geschichte der Mutterlosen, Unweiblichen.«

Haerlin diagnostiziert mit anderen Worten unsere Welt als vaterkomplexige Welt, in der eine grundsätzliche Ungeborgenheit vorherrscht, die aus der Entwertung der mutterkomplexigen Welt erfolgt mit der immer wieder geforderten Ablösung nur aus dieser Welt. Die vaterkomplexige Welt ist es, die zu unseren Leistungs- und Überforderungsstrategien führt, kein volles Menschsein zulässt und auf der Beziehungsebene, aber auch in unserem Verhältnis zu uns selbst und zu unserer Welt zu sehr problematischem Verhalten führt.

Es besteht eine kollektive Sehnsucht nach der Welt des positiven Mutterkomplexes, nach der Welt der Teilhabe, nach »Anima«. Diese Sehnsucht ist besonders unter den Frauen sehr deutlich. Diese Welt wird immer noch entwertet, als »gefährlich, bedrohlich, verschlingend, chaotisch« genannt – und was der Metaphern der

Angst mehr sein mögen, die damit in Zusammenhang gebracht werden. Der Vaterkomplexwelt wird dann im Gegenzug etwa Befreiung, Ordnung, Klarheit attestiert. Von diesen Zuschreibungen, die einmal die herrschenden Herrschaftssysteme festschreiben, zum anderen aber auch ganze Lebensbereiche, die für das Wohlergehen der Menschen wichtig sind, verschließen, müssen wir wegkommen.

Die kollektive Sehnsucht nach dem positiven Mutterkomplex ist sehr ernst zu nehmen und nicht einfach als eine Sehnsucht nach dem Paradies zu verstehen, die dann sogleich wieder als Illusion abgetan werden muss, sondern als eine Sehnsucht nach vielfältigsten Lebensräumen und Lebensgefühlen, die auch ihre Berechtigung und eine große Bedeutsamkeit haben.

Anmerkungen

1 SCARR, Sandra: Wenn Mütter arbeiten. Wie Kinder und Beruf sich verbinden lassen, München 1987
2 FLAAKE, Karin: Erst der männliche Blick macht attraktiv. In: Psychologie heute, Nr. 11, 1989, FLAAKE, Karin/KING, Vera (Hrsg.): Weibliche Adoleszenz. Zur Sozialisation junger Frauen, Frankfurt a. M. 1992
3 CHODOROW, Nancy: Das Erbe der Mütter, München 1985
4 PAPOUSEK, Mechthild: Die Rolle des Vaters in der frühen Kindheit. Ergebnisse der entwicklungsbiologischen Forschung. In: Kind und Umwelt, 54
5 HAERLIN, Peter: Wie von selbst. Vom Leistungszwang zur Mühelosigkeit, Weinheim/Berlin 1987
6 JUNG, Carl Gustav: Gesammelte Werke (GW), Bd. 5, Olten 1983, S. 383
7 FROMM, Erich (1959): Der kreative Mensch. In: FROMM, Gesamtausgabe Bd. 9, München 1989, § 53, 54
8 HAERLIN, Peter: Wie von selbst. Vom Leistungszwang zur Mühelosigkeit, Weinheim/Berlin 1987

Auszüge aus dem Buch: Verena Kast, Vater-Töchter Mutter-Söhne. Wege zur eigenen Identität aus Vater- und Mutterkomplexen © 2005 Kreuz Verlag

Bibliografische Information Der Deutschen Bibliothek
Die Deutsche Bibliothek verzeichnet diese Publikation in
der Deutschen Nationalbibliografie; detaillierte
bibliografische Daten sind im Internet über
http://dnb.ddb.de abrufbar.

© 2008 Verlag Kreuz GmbH
Postfach 80 06 69, 70506 Stuttgart

www.kreuzverlag.de

Alle Rechte vorbehalten
Umschlaggestaltung: P. S. Petry & Schwamb, Freiburg
Umschlagbild: © Michele Constantini/Getty Images
Satz: de·te·pe, Aalen
Druck: Clausen & Bosse, Leck

ISBN 978-3-7831-3051-5